25가지 실습사례로 정리한

KESS 자료분석 실습

류 방 저

보무각

- 류방 -

경영학 박사

공학 박사

사회복지학 석사

1993~ 진주보건대학교 근무

25가지 실습사례로 정리한

KESS 자료분석 실습

초판발행 2012년 12월 31일

초판인쇄 2012년 12월 26일

지은이 류방

펴낸이 이호동

발행처 보문각

블로그 http://bomungak.blog.me

e-mail bomungak@naver.com

주소 서울시 광진구 구의동 26-20 프레빌 201호

등록번호 302-2003-00085

전화 02)468-0457

팩스 02)468-0458

정가 12,000원

ISBN 978-89-6220-166-6 93310

25가지 실습사례로 정리한

KESS 자료분석 실습

.... 기술통계 ....

.... 그래프 활용 ....

.... 카이제곱 검정 ....

.... 평균차 검정 ....

.... 분산분석 ....

.... 회귀분석 ...

"There are three kinds of lies: lies, dammed lies, and statistics."
"세상에는 세 종류의 거짓말이 있는데, 거짓말, 그 거짓말을 막을 거짓말, 그리고 통계"

– Benjamin Disraeli

머 릿 말

이 교재는 다음과 같은 특징이 있습니다.

1. 교재를 펼쳤을 때, 왼쪽 면을 시작페이지로 설정하였습니다. 기존의 교재를 보면서 항상 불편했던 점이 오른쪽이 홀수 번호로 시작하여 페이지를 넘겨 짝수 쪽까지 배치되어 있는 중요한 개념이나 설명 등에서는 페이지 넘김에 대한 불편함이 있기에 이 책만은 '왼쪽을 시작페이지'로 두고 싶었습니다.
2. 실습문제나 리포트 문제의 경우는 학생 개개인의 결과 값들이 서로 다르게 출력되도록 하였으므로 결과에 대한 해석도 달라지도록 하였습니다. 컴퓨터를 이용한 문제에 대한 실습의 특성상 어떤 한 학생이 문제를 해결하고 이를 공유하여 복사한 것에 대한 결과 확인이 어려워 리포트나 숙제를 부과해도 제대로 된 효과를 얻기 어려웠기에 나름대로 각자의 결과 값들이 서로 다르게 출력되도록 하였습니다.
3. 실제 학습한 내용을 졸업 후 현장에서도 별다른 비용부담 없이 이용할 수 있는 패키지를 선정하였습니다. 사회복지 현장에서의 프로그램 개발, 공모 등에 특정의 패키지를 사용하지 않을 경우, 지원할 수 없다는 규칙이나 규정은 그 어디에도 본 적이 없습니다.
4. 이 교재는 초보자를 위한 분석 실무 교재로서 교재의 수준은 중급 이상의 조사분석을 필요로 하는 단계의 학문 수준에는 미치지 않는, 말 그대로 초보자의 통계분석을 위한 실무교재임을 밝혀둡니다.

마지막으로 본 교재에 사용한 패키지는 서울대학교 통계학과에서 개발 제공한 패키지인 KESS를 사용하였습니다. 우리나라 통계학 발전을 위해 노력해 주신 개발 교수님께 지면을 빌려 고마움을 전합니다.

차 례

Part I

기술통계

기술통계(descriptive statistics)란 하나의 변수나 집단에 관련된 수량적 자료를 체계적으로 조직화하거나 요약해서 기술해주는 통계적 방법으로, 가장 기본적인 기술통계로는 대푯값, 흩어진 정도, 분포형태 등이 있다.

대푯값은 다량의 데이터를 대표해서 하나 값으로 표현하는 값으로 중앙값, 최빈값, 평균 등이 있다. 이를 통해 조사 대상이 되는 데이터들을 대표하게 된다. 다량의 데이터에 대한 흩어진 정도를 보고자 할 경우에는 범위, 사분위수 범위, 분산(표준편차)을 통해 확인할 수 있으며, 그림으로 표현한 것이 산포도이다. 조사 데이터의 분포 모양을 확인하기 위해서 첨도, 왜도 및 분포 곡선을 통해 확인할 수 있다. 분포 그래프는 중심점을 기준으로 대칭형 그래프와 비대칭형 그래프가 있다(비대칭형 그래프는 제곱된 형태의 값인 경우가 많음).

■ 대푯값

- 다량의 데이터를 하나로 표현(대표)하고자 할 때 중심이 되는 값을 표현
- 대표: 여러 개체들 중 가장 개체들의 특징을 잘 나타낼 수 있는 개체
  (선거에서 최다득표자를 선출, 장학생선발 기준인 평균평점 등)
- 대푯값: 다수의 데이터를 적합한 하나의 수치로 요약한 것
  (중앙값, 최빈값, 평균 등)

■ 중앙값(Median)

◦ 수집된 데이터들을 일렬로 나열하였을 때 가장 가운데 위치하는 값

◦ 자료의 수가 홀수인 경우

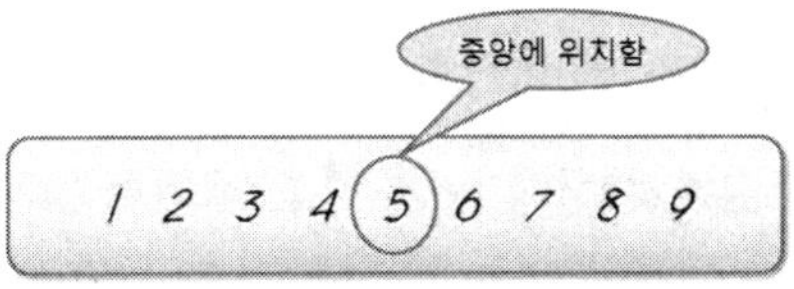

◦ 자료의 수가 짝수인 경우

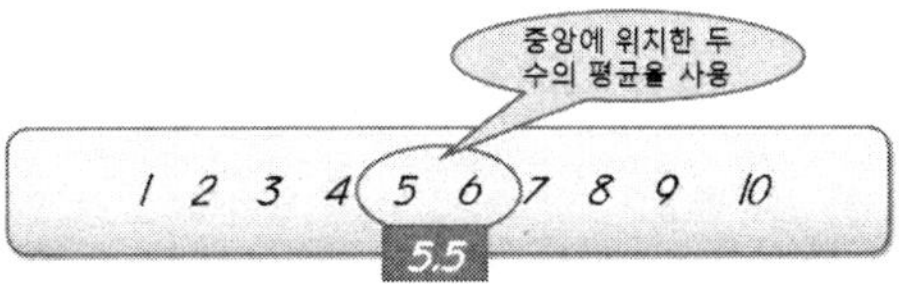

■ 최빈값(Mode)

◦ 수집된 데이터들 가운데 가장 많이 나타난 값

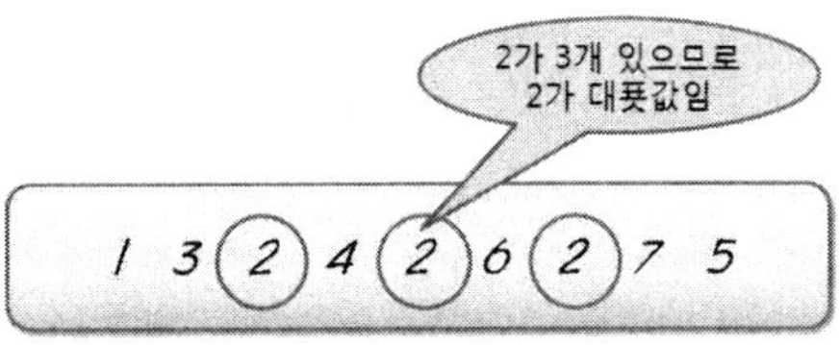

■ **평균(Mean)**

◦ 수집된 데이터들을 모두 합한 후 그 개수만큼 나눈 값 (총합 / 개수)

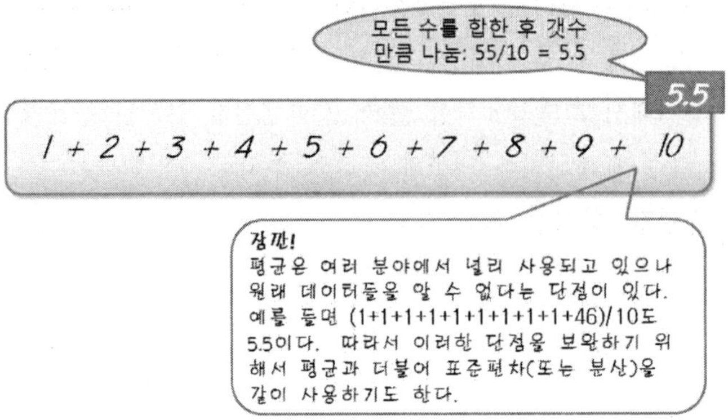

■ **평균의 보정**

◦ 데이터들 가운데 이상치가 존재하는 경우 산술 평균값을 크게 왜곡함

◦ 이를 보정하기 위해 극한 값을 제거하는 방법으로 사분위 범위를 사용하여 극한값을 제거한 후, 남아있는 데이터를 대상으로 산술 평균을 구함

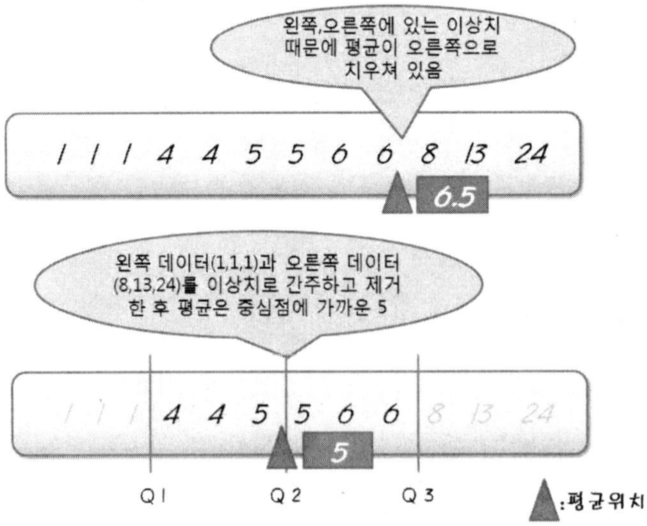

■ 흩어진 정도(산포)에 대한 측정치

- 다량의 데이터에 대한 분포를 보고자 할 때 사용
- 산포: 여러 데이터들의 흩어진 정도를 의미함
- 산포도: 산포의 정도를 그림으로 나타낸 것

▪ 범위(Range)

◦ 조사 대상 데이터에서의 최대값과 최솟값의 차이(최대값 - 최솟값)

◦ 흩어진 정도를 가장 쉽게 구할 수 있음

◦ 최대값이나 최솟값이 극단적인 값인 경우에는 산포의 왜곡 가능성이 있음

▪ 사분위수 범위(Interquartile Range)

◦ 범위의 단점인 극단적인 값이 존재하는 데이터에 대한 단점을 일부 보완한 것이 사분위수 범위임

◦ 우선 조사할 데이터를 크기순으로 정렬한 후 4등분함

← 범 위 →

원데에터	4	7	3	5	1	6	2	8
정렬 후	1	2	3	4	5	6	7	8

↑ 최소값 ↑ Q1 ↑ Q2 ↑ Q3 ↑ 최대값

최종범위	버림	3	4	5	6	버림

←사분위수 범위→

■ 분산(Variance)

◦ 평균으로부터 데이터들이 어느 정도 분산되어 있는지를 나타내는 정도를 하나의 수치 값으로 나타낸 것임

◦ 분산은 알고자 하는 값이 제곱되어 있으므로 대개 나타난 분산의 제곱근인 표준편차를 이용하여 떨어진 정도를 표기하기도 함

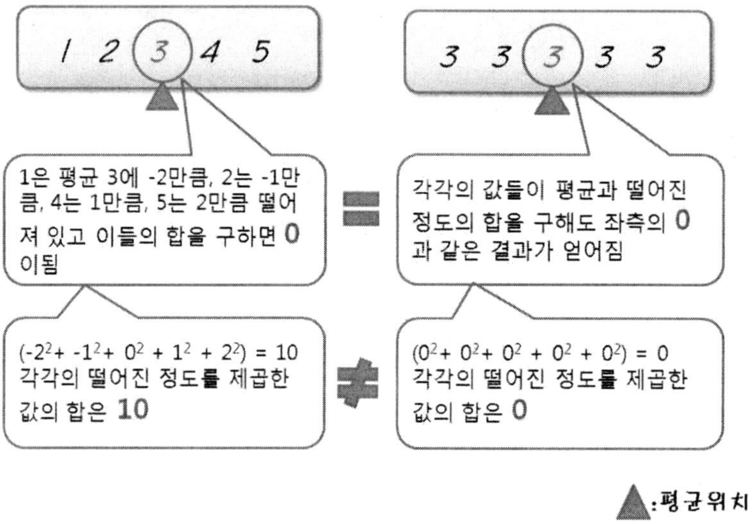

◦ 위의 경우 평균은 3으로 동일하더라도 떨어진 정도를 제곱하여 합할 경우 왼쪽은 10, 오른 쪽은 0으로 나타나 두 집단의 분포형태가 서로 다름을 알 수 있음

◦ 즉, 평균은 같아도 데이터 분포형태는 다를 수 있기 때문에 분산까지 표기하여 집단의 특징을 나타냄

■ **표준편차(Standard Deviation: SD)**

◦ 분산을 구하기 위해 떨어진 정도를 제곱한 것(음수를 양수로 변환하기 위해)을 원래의 차수로 돌려놓은 값임(즉 제곱의 반대인 제곱근의 값을 구한 것임)

◦ 분산 표준편차 공식

분산: $$S^2 = \frac{(x_1 - m)^2 + (x_2 - m)^2 + \cdot \cdot \cdot \cdot + (x_n - m)^2}{n - 1}$$

표준편차: $$S = \sqrt{S^2}$$

m : 평균 n : 데이터수

◦ $\sqrt{\text{분산}}$ = 표준편차, 표준편차^2 = 분산

■ 분포모양에 대한 측정치

- 분포의 모양을 나타내는 측정치: 첨도, 왜도 등
- 분포와 관련한 각종 그래프: 중심점을 기준으로 대칭형 그래프와 비대칭형 그래프가 있음(비대칭형 그래프는 제곱된 형태의 값인 경우가 많음)

■ 첨도(Kurtosis)

◦ 데이터들의 분포 모양이 평균에 밀집하여 있는지 퍼져 있는지를 나타냄. 정규분포를 3이라 할 때, 아래 왼쪽 그림은 뾰족한 형태로서 3이상의 값을 가지며, 오른쪽 그래프는 3보다 작은 값을 가짐

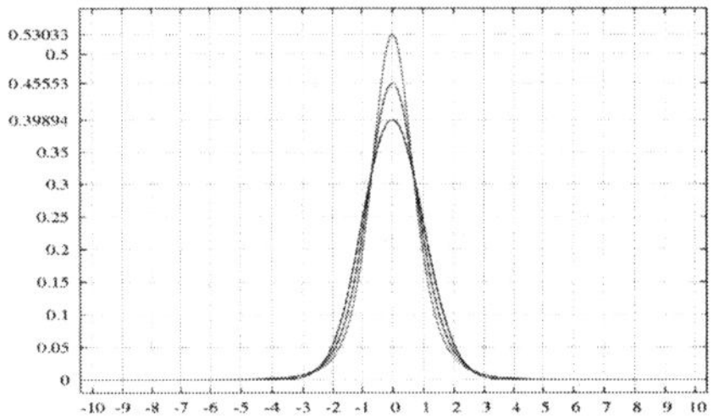

첨도가 3이상인 경우의 곡선

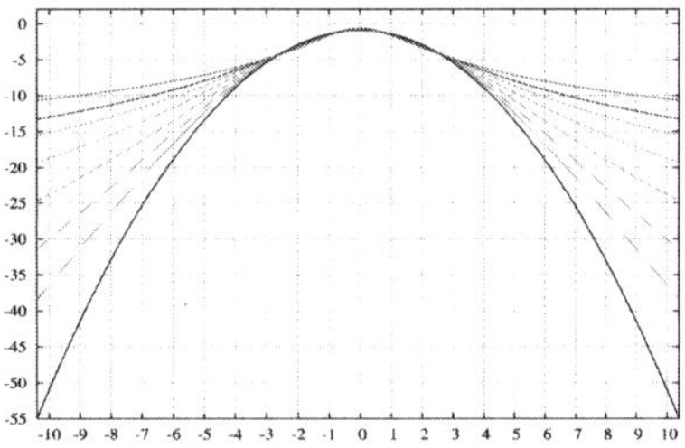

첨도가 3이하인 경우의 곡선

◦ 위 그림에서 왼쪽의 형태를 취하는 데이터들은 평균값에 대부분이 모여 있는 형태로서, 공산품인 경우 품질이 평균에 일정하게 나타난다고 볼 수 있으며, 오른쪽은 평균과의 떨어진 정도가 심하여 공산품인 경우 각각의 제품들간 품질차이가 많이 발생함을 의미함

■ **왜도(Skewness)**

◦ 좌우 대칭의 종(bell)모양의 정규분포곡선이 왼쪽 또는 오른 쪽으로 얼마만큼 찌그러져 있는가에 대한 정도를 말함

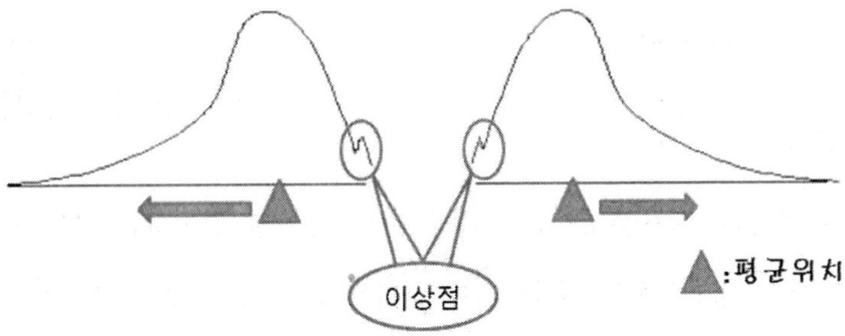

◦ 정규분포의 형태를 띠는 데이터의 분포곡선에서 찌그러짐이 발생하는 이유는 양 끝단에서의 이상점 데이터가 존재하면 정규분포 곡선이 나타나지 않음

◦ 보통 컴퓨터로 입력된 데이터의 검정을 위해 첨도와 더불어 왜도를 구함 위의 예에서, 자료의 입력 오류로 인해 원래의 데이터 집단의 특징이 정규분포를 띠지 못하고 정규분포 곡선이 좌 또는 우로 찌그러진 경우로서, 이상점 데이터를 제거할 경우 화살표 방향으로 곡선이 수정 됨

◦ 왜도 값이 0보다 크면 정규분포곡선보다 평균이 오른쪽으로 치우친 형태(위 그림에서 왼쪽 그래프)이고, 0보다 작으면 평균이 왼쪽으로 치우친 형태(오른쪽 그래프)

□ 정규분포

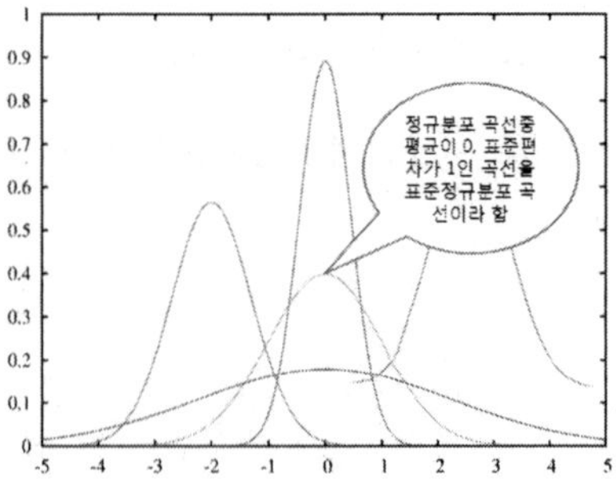

다양한 정규분포곡선들

- 일상 사회에서 가장 많은 형태의 데이터 분포형태로서 수집된 데이터가 대개 정규분포라고 가정함
- 가장 높은 지점이 평균이고 이를 기준으로 좌우 대칭임

• 표준정규분포

- 무수히 많은 정규분포곡선에 대한 분포곡선표를 준비하는 것은 불가능하므로, 모든 정규분포를 정규화하여 하나의 표로 만든 것이 표준정규분포표이고, 대부분의 통계서적 부록에는 정규분포표 중 표준정규분포표 하나만 수록
- 정규분포를 하는 데이터에서 평균을 0, 표준편차는 1로 정규화한 것임
  - 평균(0): 각각의 관측치에서 평균값을 빼면 최종 평균값이 0이 됨
  - 표준편차(1): 각각의 편차를 표준편차로 나누면 최종 표준편차는 1이 됨

• 비대칭형 분포(카이제곱, F분포 곡선)

- 대개 비대칭형의 분포를 하는 곡선은 지수나 로그형의 자료형태이면 대칭형이 아닌 비대칭형으로 분포곡선이 변형됨(0보다 작은 값은 존재하지 않음)

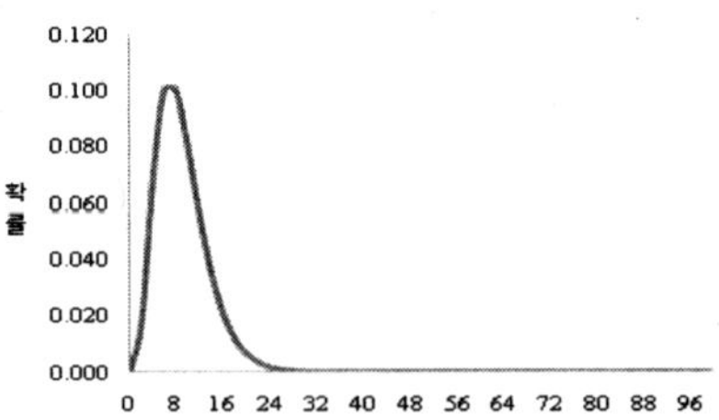

카이제곱분포 그래프(df=9)

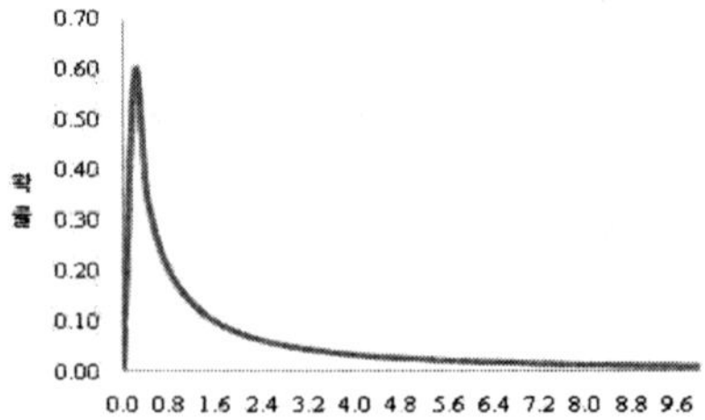

F분포그래프(df1=1,df2=1)

○ 학습한 내용

- 대푯값은 다량의 데이터를 하나로 표현(대표)할 때 중심이 되는 값으로 중앙값, 최빈값, 평균 등이 있다.
- 다량의 데이터에 대한 흩어진 정도를 보고자 할 경우에는 범위, 사분위수 범위, 분산(표준편차)을 통해 확인할 수 있으며, 그림으로 표현한 것이 산포도이다.
- 조사 데이터의 분포 모양을 확인하기 위해서 첨도, 왜도 및 분포 곡선을 통해 확인할 수 있다.
- 분포 그래프는 중심점을 기준으로 대칭형 그래프와 비대칭형 그래프가 있다(비대칭형 그래프는 제곱된 형태의 값인 경우가 많음).

○ 익힘문제

- 평균의 문세점을 시적하고 이를 보완하는 방법들에 내해 설명하시오.
- 범위대신 사분위수 범위를 사용하는 이유는 무엇인가?
- 왜도와 첨도에 대해 설명하시오.
- 표준정규분포에 대해 설명하시오.

1

대푯값 측정

조사 대상이 되는 데이터 집단을 대표하는 값으로는 중앙값, 최빈값, 평균이 일반적으로 많이 사용하는 대푯값이다.

중앙값(Median)은 수집된 데이터들을 일렬로 나열하였을 때 가장 가운데 위치하는 값이고, 최빈값(Mode)은 수집된 데이터들 가운데 가장 많이 나타난 값이다. 평균(Mean)은 수집된 데이터들을 모두 합한 후 그 개수만큼 나눈 값(총합 / 개수)이다.

대푯값은 데이터들 가운데 이상치가 존재하는 경우 산술 평균값을 크게 왜곡하기 때문에, 이를 보정하기 위해 극한 값을 제거하는 방법으로 사분위 범위를 사용하여 극한값을 제거한 후 남아있는 데이터를 대상으로 산술 평균을 구하여 사용하기도 한다.

■ 대푯값 측정

■ 예제 데이터

표 1. A 노인복지시설 어르신 10명의 연령표

No	1	2	3	4	5	6	7	8	9	10
연령	65	65	79	74	75	81	71	93	82	75

■ 표본 개수, 합계, 평균 구하기

• 동작순서

① 왼쪽 위쪽 첫 번째 셀에 열이름인 연령을 입력한 후 10개의 자료를 입력

② 통계분석 탭을 클릭

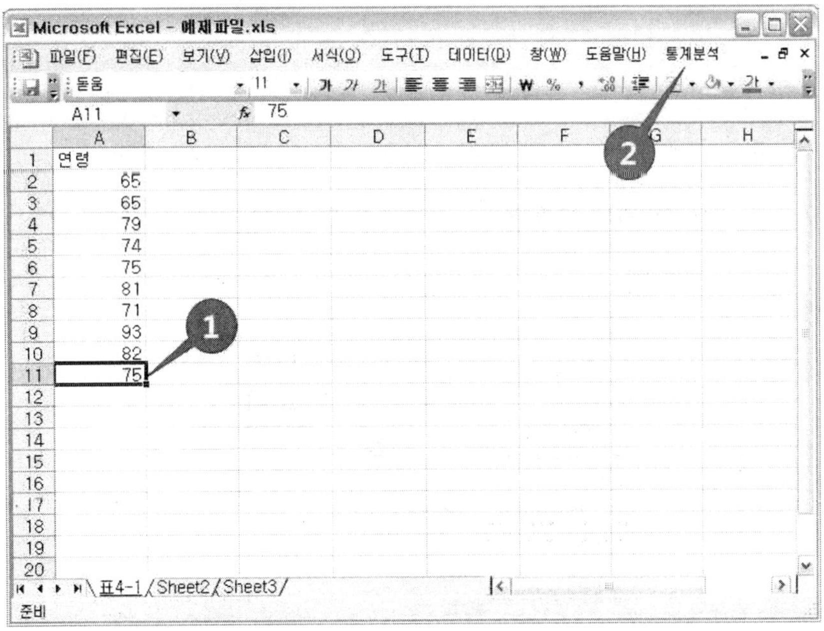

③ 기술통계 메뉴를 클릭

④ 선택변수에서 연령항목을 더블클릭하거나,

⑤ 선택변수에서 연령항목을 클릭한 후 오른쪽 버튼(→) 클릭

⑥ 기초통계량에 평균, 합계, 개수의 체크버튼(☑)을 각각 클릭

⑦ 마지막으로 확인버튼을 클릭

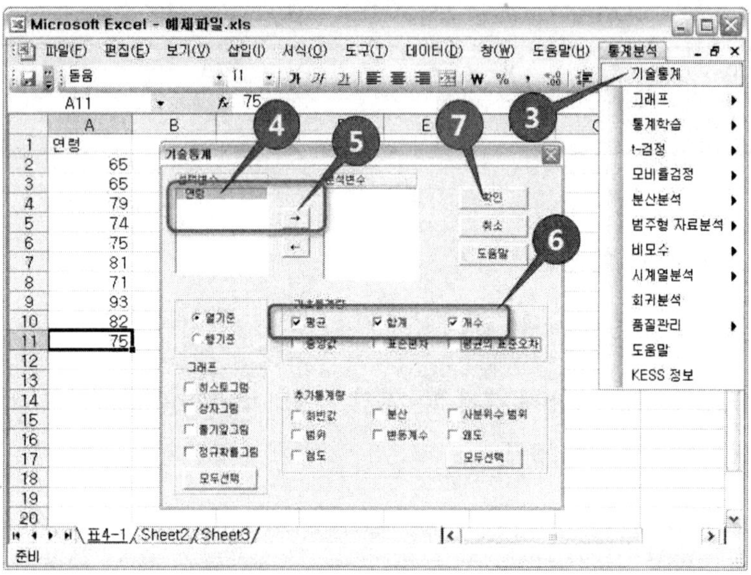

• 출력 결과

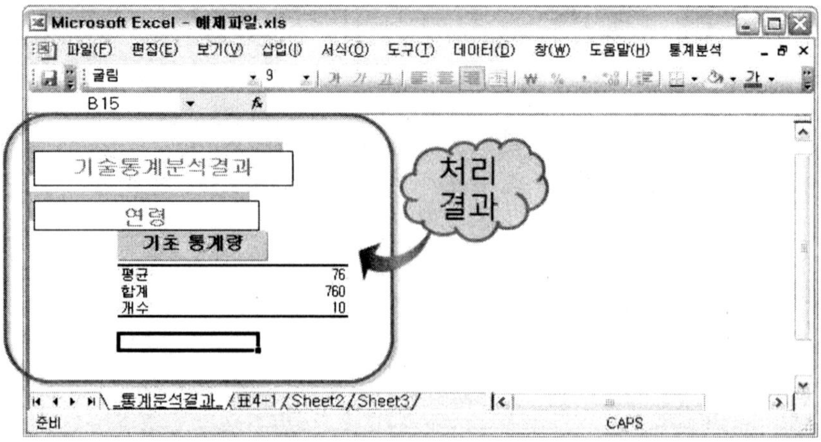

- 첫 실습이니 정확한지 확인해 봅시다!(실제로 합을 구할 필요는 없음)
  - 표본의 개수: 10
  - 표본의 합: (65+65+79+74+75+81+71+93+82+75) = 760
  - 표본의 평균: 760 ÷ 10 = 76
- 결과의 비교
  - 통계분석 결과값이 새로운 시트영역에 나타남
  - 입력한 데이터는 출력된 결과 값으로 인해 가려져 있음(다시 보이게 하려면 ⑧이 가리키는 탭을 클릭)
  - 동작결과 기초통계량인 평균, 합계, 개수가 확인내용과 일치함

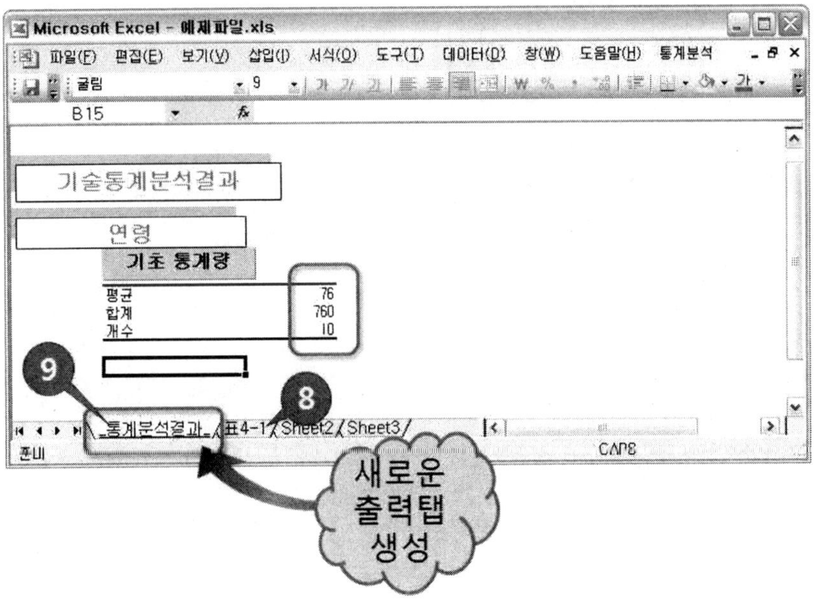

  - 출력 결과값이 필요 없다면 새로이 만들어진 '통계분석결과' 탭(⑨)을 마우스 오른쪽 버튼을 눌러 삭제 항목을 선택함

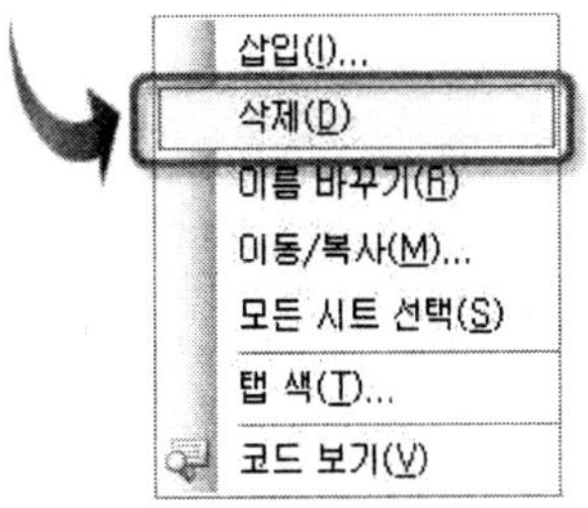

• 출력결과의 활용

① 마우스 왼쪽 버튼을 누른 채 ② 위치까지 이동(마우스 드래그)

② 지정된 범위까지 마우스를 움직인 후 마우스 버튼을 놓음(마우스 드롭)

③ 지정된 범위 내에서 마우스 오른쪽 버튼을 눌러 복사를 클릭

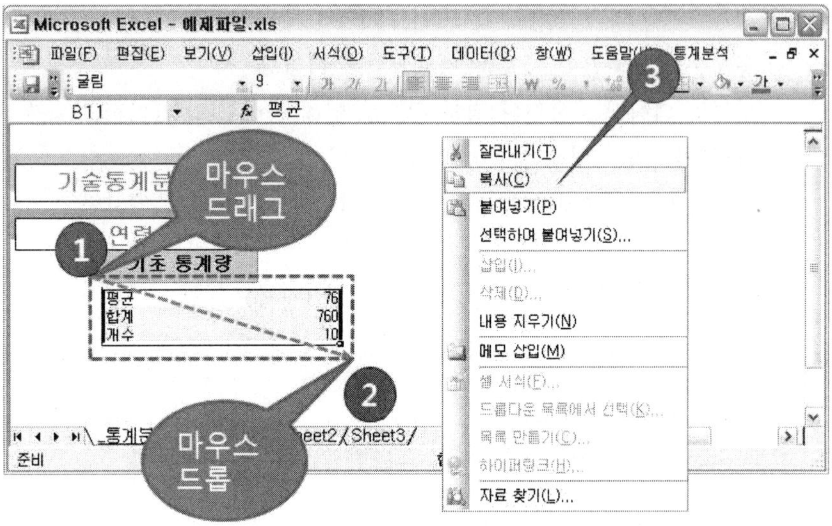

④ KESS의 출력결과를 HWP에서 붙이기(Ctrl+V)로 문서 꾸미기가 가능함

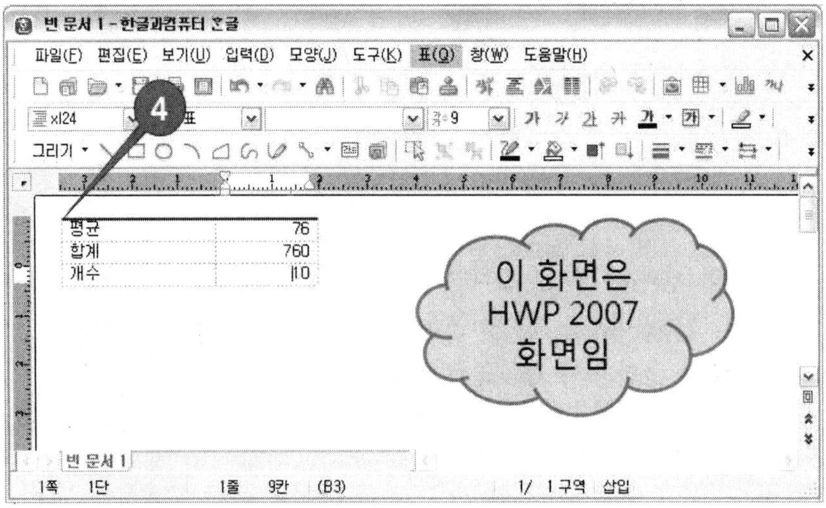

■ **중앙값, 최빈값 구하기**

- 동작순서

① '선택변수'란의 연령을 더블클릭(또는 소요시간 클릭 후 ①' 버튼 클릭)

② 기초통계량의 중앙값, 추가통계량의 최빈값을 추가로 클릭

③ 확인버튼 클릭

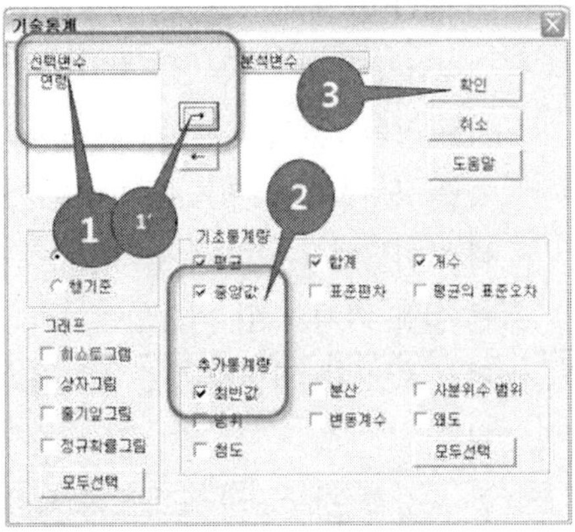

- 출력결과

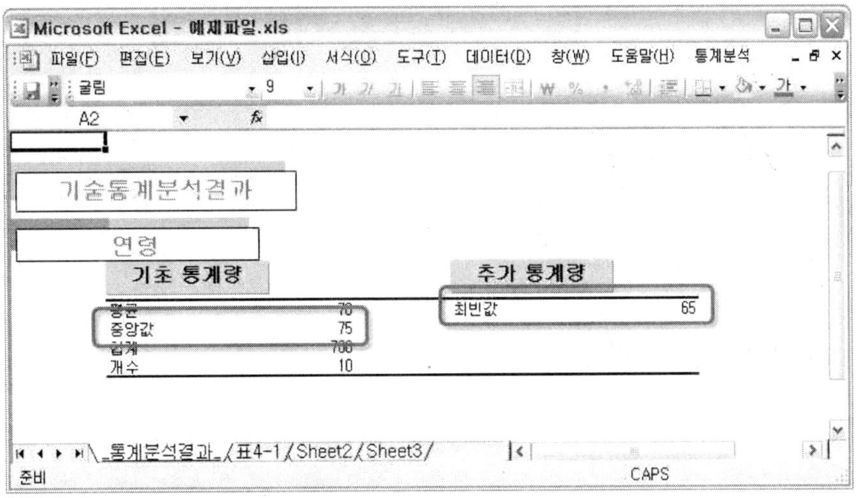

◦ 평균, 중앙값, 합계, 개수, 최빈값이 출력되어 있음

- 결과의 해석
  - 평균값은 76으로서 합계를 고려할 때 비교적 자료의 대표성을 띠고 있음
  - 중앙값은 75로서 합계를 고려할 때 비교적 자료의 대표성을 띠고 있음
  - 최빈값은 가장 출현 빈도수가 높은 값인 65이지만 이 데이터 집단의 대표성을 띤다고 할 수는 없음
  - 데이터 값에서 가장 빈도수가 빈번한 수치가 65이며 평균이 76, 중앙에 위치한 값이 75라는 것을 보고 데이터의 분포를 해석한다면 76세 이상의 고령자중 극단적인 고령자가 있다는 것을 짐작할 수 있음
  - 이 데이터에서는 93세의 고령자로 인해 평균값이 최빈값이나 중앙값보다 더 큰 값을 가지게 된 이유임
  - 평균, 중앙값, 최빈값 등을 살펴봄으로써 데이터 분포 구조에 대한 이해가 수월함
  - 곧 학습할 산점도의 도움으로 데이터의 분포형태를 미리 확인해보자!

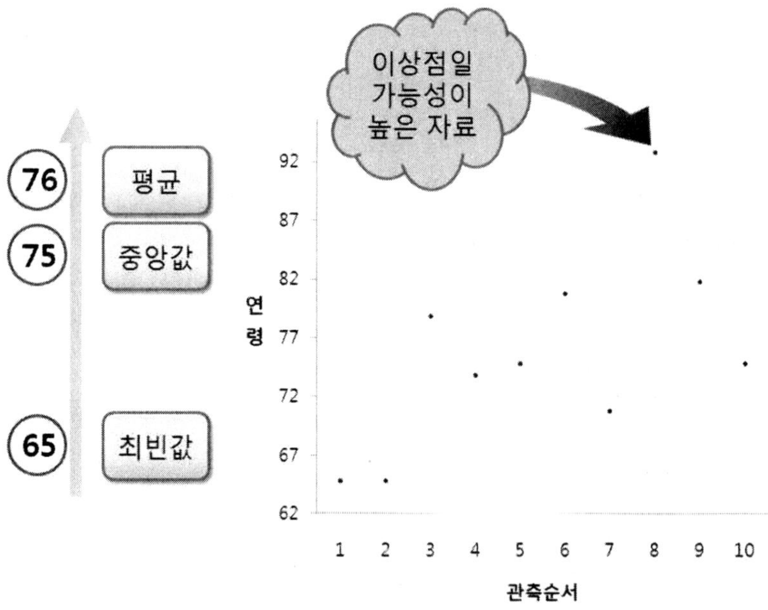

실습 1

문제 대푯값 측정

사회복지학과 학생들의 사회복지학개론 과목에 대한 기술통계량을 구하고 결과 값에 대한 해석

1 기술통계량 구하기

① 평균, 중앙값, 최빈값 구하기

2 대푯값을 이용하여 데이터집단을 해석하기

Data 자료의 입력

표 2. 20명 학생의 사회복지학개론 과목의 성적

72	78	99	62	83
69	95	76	84	72
88	75	80	76	94
69	84	92	87	89

실습 1

대푯값 측정

결과

통계량	실습값	확인
평균		
중앙값		
최빈값		
표준편차		
분산		
범위		
사분위수 범위		
첨도		
왜도		

특징, 결과 해석

해석

1 중심위치에 따른 해석

2 산포에 따른 해석

3 분포형태에 따른 해석

O 학습한 내용

- 중앙값(Median)은 수집된 데이터들을 일렬로 나열하였을 때 가장 가운데 위치하는 값이다.
- 최빈값(Mode)은 수집된 데이터들 가운데 가장 많이 나타난 값이다.
- 평균(Mean)은 수집된 데이터들을 모두 합한 후, 그 개수만큼 나눈 값 (총합 / 개수)이다.

O 익힘문제

- 중앙값을 대푯값으로 사용하는 예와 이의 특징에 대해 설명하시오.
- 최빈값을 대푯값으로 사용하는 예와 이의 장단점에 대해 설명하시오.
- 평균에 대해 사용하는 예와 장단점에 대해 설명하시오.
- 대푯값들 중 가장 큰 문제를 가지고 있는 대푯값은 무엇인가?

2

흩어진 정도 측정

조사 대상이 되는 데이터 집단의 흩어진 정도를 파악하는 값으로 표준편차 또는 분산을 구하거나, 범위 또는 사분위수 범위를 확인하여 간편하게 파악할 수 있다.

데이터 집단의 분산(variance)은 각 데이터들의 편차를 제곱하여 모두 더한 후 전체 개수－1(N－1)로 나눈 값이다. 표준편차(standard deviation)는 구해진 분산의 제곱근으로 구할 수 있다. 표준편차는 평균과 더불어 가장 중요하고, 널리 사용되는 척도이다.

사분위수는 N개의 관측값을 크기순으로 정렬한 후 이를 4등분하는 위치에 오는 값을 말한다. 즉 누적도수가 제1사분위수(Q1)=(N+1)/4, 제2사분위수(Q2)=2(N+1)/4, 제3사분위수(Q3)=3(N+1)/4에 위치한 값으로 Q2는 중앙값(median)과 같다. 사분위수를 구하는 목적은 극단적인 값이 데이터 내에 존재하는 경우 전체 데이터에 대한 결과를 왜곡할 가능성이 높기 때문에 이를 보정하기 위해 사분위수를 사용한다.

■ 분산 측정

■ 분산, 표준편차

- 동작순서

  ① 선택변수란의 연령을 더블클릭(또는 소요시간 클릭 후 ①' 버튼 클릭)

  ② 기초통계량의 표준편차, 추가통계량의 분산을 추가로 클릭

  ③ 확인버튼 클릭

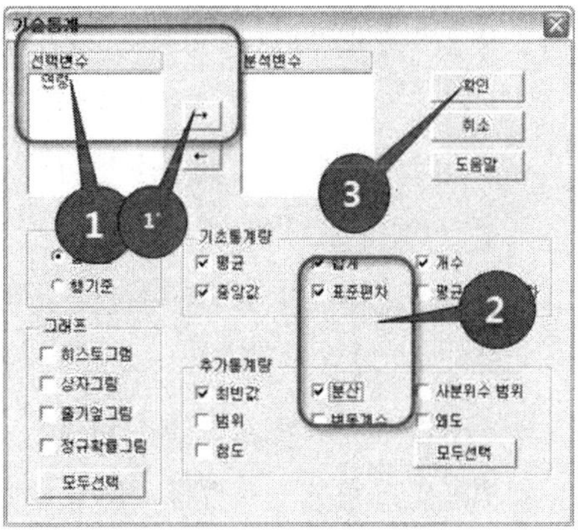

- 출력결과

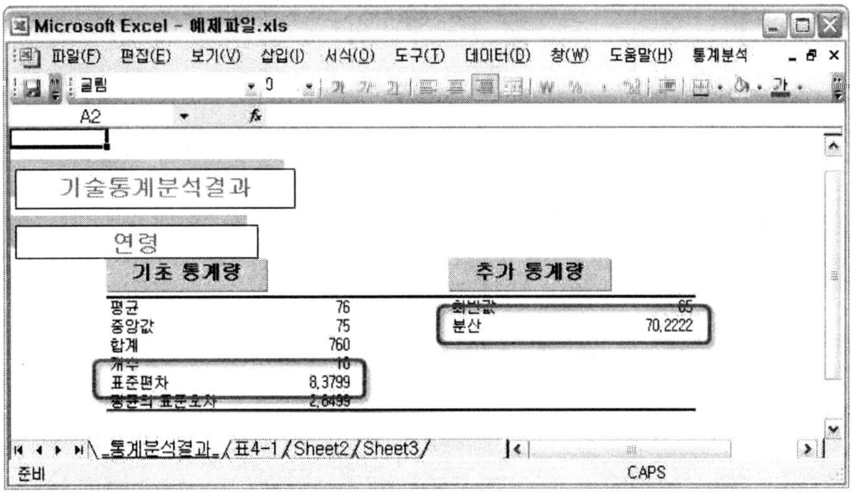

- 결과의 해석
  - 분산 공식: $\frac{\sum_{1}^{n}(x_i - \bar{x})^2}{n-1}$ 표준편차 공식: $\sqrt{\frac{\sum_{1}^{n}(x_i - \bar{x})^2}{n-1}}$
  - $표준편차^2 = 분산$ $\sqrt{분산} = 표준편차$
  - 분산(표준편차)은 데이터의 변이(변동)와 관련된 개념으로 데이터의 분포 형태가 얼마나 퍼져 있는가를 숫자로 나타낸 값임
  - 데이터가 집중되어 있으면 변이가 작고 반대로 널리 퍼져서 분포되어 있으면 '변이가 크다'라고 표현함
  - 따라서 분산이나 표준편차 값을 구하면 데이터의 퍼져 있는 정도를 쉽게 파악할 수 있음
  - 분산은 데이터의 분포를 나타내는 통계량의 한 종류임
  - 변이를 표현하는 통계량: 범위, 분산, 표준편차, 사분위수 범위, 다양성지수
  - 분산의 계산은 제곱한 개념을 가지고 있으므로 일반적인 떨어진 정도의 개념과 다른 개념임(즉, 차원이 다른 값임)
  - 분산의 제곱근을 구하여 차수를 원래로 되돌리는 개념이 표준편차의 개념임
  - 따라서 분산을 알면 표준편차를 구할 수 있고, 표준편차를 알면 분산을 구할 수 있음
  - 표준편차 값이 8.3799라는 의미는 각 데이터가 평균과의 떨어진 정도가 '8 정도 떨어져 있다'라는 의미임

■ 범위 측정

■ 사분위수, 범위

- 동작순서

① 선택변수란의 연령을 더블클릭(또는 소요시간 클릭 후 ①' 버튼 클릭)

② 추가통계량의 사분위수 범위, 범위를 추가로 클릭

③ 확인버튼 클릭

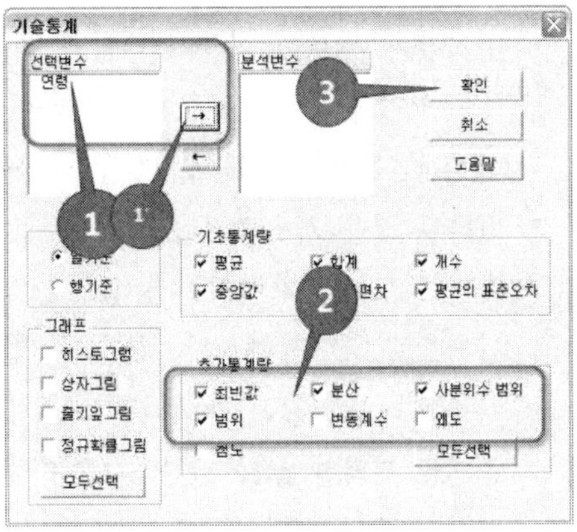

- 출력결과

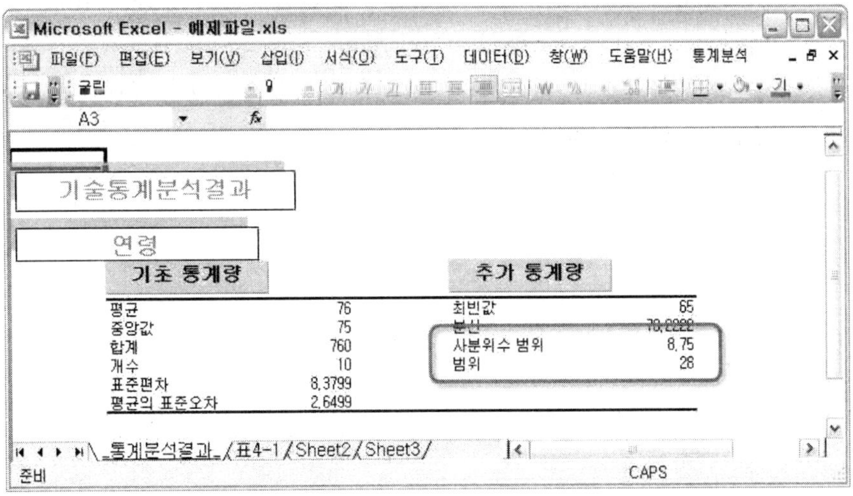

• 결과의 해석

- ◦ 범위값이 28로서 이는 최대값과 최솟값의 차이가 28이라는 의미임 (즉, 최연장자와 최연소자간의 나이차가 28세)
- ◦ 비교적 나이차가 크다는 것을 나타내며, 10개의 데이터에서 차이가 28만큼 난다는 것은 최솟값이나 최대값 쪽에 극단적인 값이 존재할 가능성이 있음
- ◦ 극단적인 값을 확인하는 방법으로 산점도나 줄기-잎 그림 등을 이용하여 시각적으로 극단적인 값을 찾을 수 있음
- ◦ 사분위수 범위값은 데이터를 순서대로 나열한 후 4등분하여 1/4분면과 4/4분면을 제외한 2/4분면과 3/4분면의 데이터 집단에서 최대값과 최솟값의 차이가 사분위수 범위임
- ◦ 전체 범위값이 28인 경우이고 사분위수 범위값이 8.75인 경우에서 전체범위가 사분위수 범위의 2배보다 10이상이 더 크다는 것은 1/4분면이나 4/4분면에 극단적인 값이 존재할 가능성이 있음
- ◦ 사분위수 범위값을 대상으로 한 데이터의 처리는 스포츠 분야 등에서 널리 사용되는 방법 중의 하나임

실습 2

문제 분산 측정

저소득층의 시간당 임금에 대한기술통계량을 구하고 결과 값에 대한 해석

■1 기술통계량 구하기

① 평균, 중앙값, 최빈값 구하기

② 표준편차, 분산, 범위, 사분위수 범위 구하기

③ 첨도, 왜도 구하기

■2 결과값 해석하기

Data 자료의 입력

표 3. 저소득층 시간당 임금 내역

7,200	4,600	3,900	6,350	5,150
3,750	4,800	5,100	4,900	6,200
4,750	4,300	5,150	4,250	4,750
5,250	5,850	6,100	4,100	5,650

실습 2

분산 측정

결과

통계량	실습값	확인
평균		
중앙값		
최빈값		
표준편차		
분산		
범위		
사분위수 범위		
첨도		
왜도		

특징, 결과 해석

해석

1. 중심위치에 따른 해석

2. 산포에 따른 해석

3. 분포형태에 따른 해석

○ 학습한 내용

- 조사 대상에 되는 데이터 집단의 흩어진 정도를 파악하기 위해 범위, 사분위수 범위, 분산 또는 표준편차를 구하여 파악할 수 있다.
- 분산은 각 데이터들의 편차를 제곱하여 모두 더한 후 N-1로 나눈 값이고 표준편차는 분산의 제곱근이다. 표준편차는 평균과 함께 널리 사용되는 척도이다.
- 사분위수는 N개의 관측값을 크기순으로 정렬한 후 이를 4등분한 위치의 값으로서, 제1사분위수(Q1)=(N+1)/4, 제2사분위수(Q2)=2(N+1)/4, 제3사분위수(Q3)=3(N+1)/4에 위치한 값이다.
- 사분위수를 구하는 목적은 극단적인 값이 데이터 내에 존재하는 경우 전체 데이터에 대한 결과를 왜곡할 가능성이 높기 때문에 이를 보정하기 위해 사분위수를 사용한다.

○ 익힘문제

- 보통 평균과 표준편차를 동시에 구하는 이유는 무엇인가?
- 분산과 표준편차의 관계에 대해 설명하시오.
- 범위와 사분위수 범위를 구분하여 설명하시오.
- 일상에서 범위와 사분위수 범위의 사용용도에 대해 설명하시오.

3

분포모양 측정

분포모양 측정에는 왜도와 첨도가 대표적인 통계량으로, 이 값을 통해 데이터의 분포모양에 대해 수치 값을 이용하여 파악할 수 있다.

왜도는 좌우 대칭인 정규분포 곡선이 중심점에서 어느 정도 찌그러져 있는지를 나타내는 통계량으로, 왜도가 0을 기준으로 할 때, 음의 값을 가지면 봉우리가 오른쪽으로 치우친 형태로 찌그러진 경우이고, 양의 값을 가지면 봉우리가 왼쪽으로 찌그러진 경우이다.

첨도는 정규분포 곡선이 중심점을 기준으로 해서 어느 정도 뾰족한지를 나타내는 통계량으로, 표준정규분포의 첨도는 3이고, 더 클수록 뾰족한 모양을 나타내고 작을수록 평평한 모양을 띤다.

■ 왜도, 첨도

- 동작순서

① 선택변수란의 연령을 더블클릭(또는 소요시간 클릭 후 ①' 버튼 클릭)

② 추가통계량의 왜도, 첨도를 추가로 클릭

③ 확인버튼 클릭

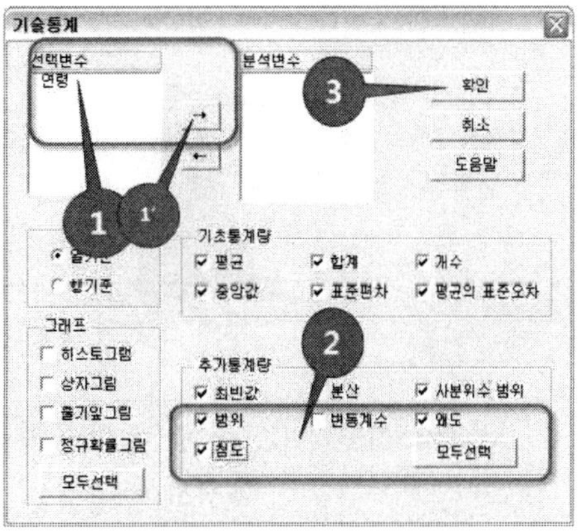

- 출력결과

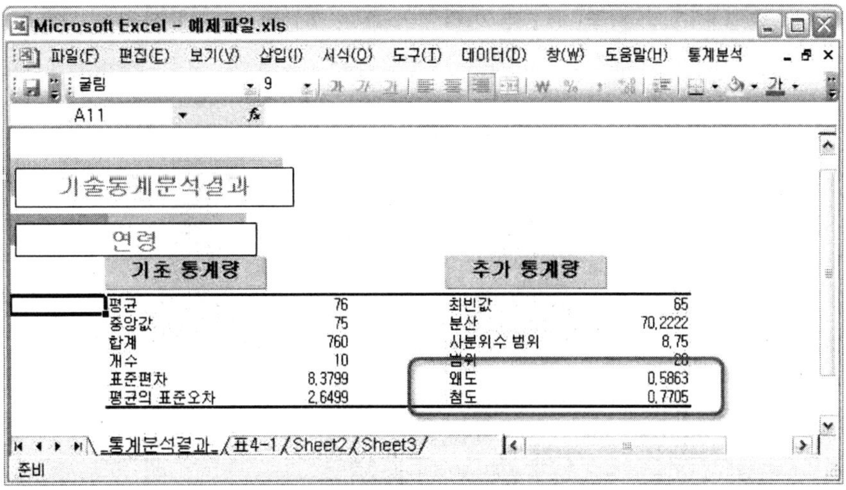

- 결과의 해석
    - 왜도는 좌우 대칭인 정규분포 곡선이 중심점에서 어느 정도 찌그러져 있는지를 나타내는 통계량임
    - 0을 기준으로 할 때, 음의 값을 가지면 왼쪽 그림과 같은 형태로 찌그러진 경우이고, 양의 값을 가지면 오른쪽 그림처럼 찌그러진 경우임

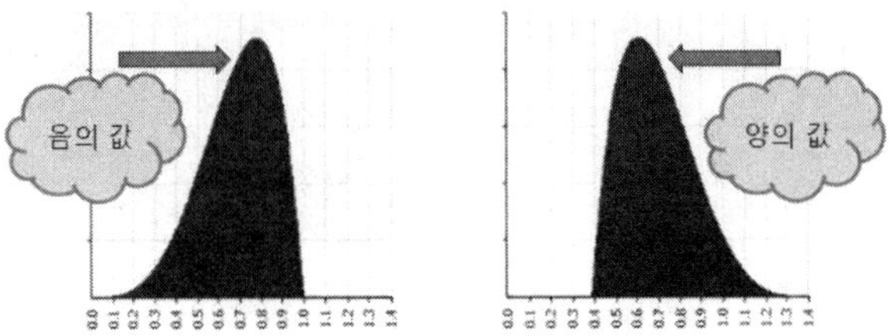

- 예에서 왜도가 0.5863으로 오른쪽 그림과 같은 형태를 취함
- 첨도는 정규분포 곡선이 중심점을 기준으로 해서 어느 정도 뾰족한지를 나타내는 통계량임
- 표준정규분포의 첨도는 3이고, 더 클수록 뾰족한 모양을 나타내고 작을수록 평평한 모양을 띰(경우에 따라 3으로 나눈 값을 사용하여 0을 기준으로 하는 경우도 있음)

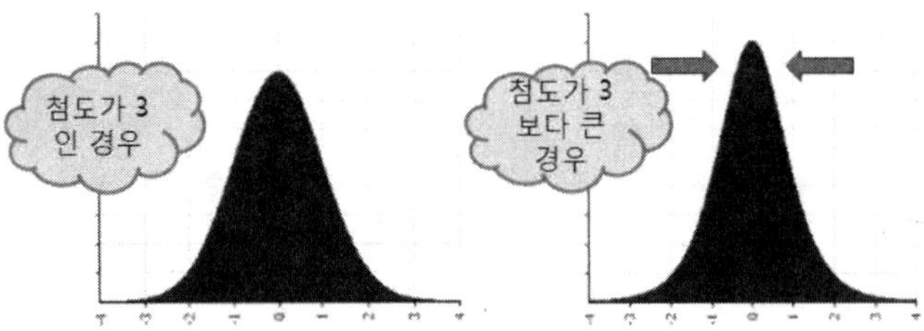

- 예에서 첨도가 0.7705라는 의미는 가운데 몰려 있는 형태가 아니라 매우 평평하게 퍼져있는 형태를 의미함

실습 3

문제 분포모양 측정

A 실버타운에 근무하는 20명의 사회복지사 나이에 대한 기술통계량을 구하고 결과 값에 대한 해석

1 기술통계량 구하기

① 평균, 중앙값, 최빈값 구하기

② 표준편차, 분산, 범위, 사분위수 범위 구하기

③ 첨도, 왜도 구하기

2 결과값 해석하기

Data 자료의 입력

표 4. A 실버타운 20명 사회복지사 나이

58	48	39	46	71
41	30	49	62	54
31	70	28	28	43
52	56	62	32	54

실습 3

분포모양 측정

결과

통계량	실습값	확인
평균		
중앙값		
최빈값		
표준편차		
분산		
범위		
사분위수 범위		
첨도		
왜도		

특징, 결과 해석

해석

1 중심위치에 따른 해석

2 산포에 따른 해석

3 분포형태에 따른 해석

○ 학습한 내용

- 분포모양 측정에는 왜도와 첨도가 대표적인 통계량이다.
- 왜도는 좌우 대칭인 정규분포 곡선이 중심점에서 어느 정도 찌그러져 있는지를 나타내는 통계량이고, 첨도는 정규분포 곡선이 중심점을 기준으로 해서 어느 정도 뾰족한지를 나타내는 통계량이다.
- 왜도는 0을 기준으로, 음의 값을 가지면 봉우리가 오른쪽으로 치우친 형태로 찌그러진 경우이고, 양의 값을 가지면 봉우리가 왼쪽으로 찌그러진 모양을 한다.
- 표준정규분포를 기준으로 할 때, 첨도는 3(또는 0)이고, 더 클수록 뾰족한 모양을 나타내고 작을수록 평평한 모양을 띤다.

○ 익힘문제

- 왜도에 대해 설명하고 그래프 모양을 그려보시오.
- 첨도에 대해 설명하고 대체적 그래프 모양을 그려보시오.
- 표준 정규분포에서의 왜도 첨도의 관계를 설명하고 그래프 모양을 그려보시오.

Part II

그래프 활용

그래프(graph)는 서로 관계가 있는 둘 이상의 수와 양의 상대적인 값을 한눈에 볼 수 있도록 시각적인 형태로 나타낸 것이다. 함수의 관계를 좌표에 나타내는 함수 그래프와, 통계 데이터를 시각화한 통계 그래프가 있으며, 그래프와 더불어 여러 가지 양을 분석하여 그 관계를 알아보기 쉽게 일정한 양식의 그림으로 나타낸 표가 도표이다. 따라서 그래프는 표와 더불어 조사 결과를 명확하게 전달해 주는 유용한 도구로, 쉽게 경향을 파악하는 목적으로 활용된다.

일반적인 그래프로는 막대그래프, 꺾은선 그래프, 원그래프 등이 있으며, 통계 그래프에는 산점도, 상자그래프, 줄기-잎 그래프, 정규확률 그래프, 히스토그램 등이 있다.

■ 그래프

■ 그래프의 특징

◦ 자료의 정량적 성향에 대한 일반적인 경향을 그림형태로 보여줌
◦ 대부분 독립변수를 수평축에 종속변수를 수직축에 나타냄
◦ 수학, 기하학에서는 두 변수 사이의 함수관계를 나타낼 때 그래프를 사용
◦ 요약보고서 등에 널리 사용됨

■ 그래프 작성 원칙

◦ 그래프는 그 자체로서 어떤 현상을 충분히 설명해 줄 수 있어야 함
◦ 그래프에는 반드시 제목을 붙여야 함
◦ 외부의 데이터를 이용해서 그래프를 작성하는 경우에는 그 출처를 밝힐 것
◦ 데이터의 자세한 설명보다 전체적 양상과 대체적인 특징을 나타내야 함
◦ 그래프 자체에는 숫자를 표기하지 않는 것이 원칙
◦ x축과 y축의 눈금이 명확히 매겨져야 하고, 기본 단위도 확실히 정의할 것
◦ 하나의 그래프에 많은 정보를 나타내면 도표보다 효과가 떨어짐

■ 그래프 종류

◦ 기본형 그래프: 원그래프, 막대그래프, 꺾은선그래프
◦ 산점도: 관측값들을 좌표상에 점을 찍어 시각적으로 나타낸 그래프
◦ 상자 그래프: 데이터의 중심과 산포, 모양을 상자모양으로 나타낸 그래프
◦ 줄기-잎 그래프: 데이터를 배열과 히스토그램을 이용하여 나타낸 그래프
◦ 정규확률 그래프: 일변량 자료에 대한 정규성을 검정하기 위한 그래프
◦ 히스토그램: 도수분포표를 그림형태로 나타낸 그래프

■ 기본형 그래프

■ 원 그래프

- 명목형으로 측정된 데이터의 분석에 널리 사용
- 각 범주에 속한 상대도수에 비례하도록 원의 조각을 나누어 그래프로 표현
- 원 그래프는 조각들의 총합(총량)을 아는 경우에 사용
- 8개 이상의 조각으로 구분하는 것은 피함(넘는 경우 '기타'로 묶음)
- 어떤 조각을 강조하기 위해서 조각을 떼어내어 표현하거나 색상을 달리함
- 독립변수는 대개 시간인 경우에는 꺾은선 그래프를 사용하고, 독립변수가 시간을 나타내지 않을 때는 막대그래프를 사용
- 원 그래프는 전체에 대한 부분의 관계로 나타낼 때 사용하는 대표적인 **비율그래프**로, 원은 부채꼴로 나누어지고, 각각의 부분이 차지하는 크기, 즉 각도는 전체에 대한 비율과 정비례함

■ 막대 그래프

- 각 범주에 속한 비율을 하나의 막대로 나타낸 대표적인 **비교그래프**
- 여러 가지 통계나 사물의 양을 선 즉 막대 모양의 길이로 표현
- 막대의 길이를 통해 분포의 특성을 시각적으로 비교하는데 유용
- 정보의 해석이 쉽고 전달력이 우수하여 조사 보고서에 널리 사용
- 막대 수가 6개보다 많은 경우는 수평막대그래프 등을 이용

■ 꺾은선 그래프

- 구간척도나 비율척도로 측정된 데이터에 사용
- 시간 흐름에 따른 조사 결과를 비교는 대표적 **경과그래프**임
- 선의 색을 달리하여 여러 개의 그래프를 하나의 그림에 나타낼 수 있음
- x축에는 대부분 시간과 관련된 항목을 배치함
- 성별 등과 같이 변하지 않는 항목은 꺾은선그래프의 x축에 배치하지 않음(성별 등은 주로 막대그래프나 원그래프로 표현함)

■ 통계 그래프

■ 산점도

◦ 서로 관련이 있는 쌍으로 된 두 변수의 관측값들을 좌표 상에 점을 찍어 두 변수간의 대략적 관계를 시각적으로 판단할 수 있도록 나타낸 그림

◦ x축과 y축 위에 나타난 점의 모양에 따라 두 데이터간의 상관관계가 있는지, 만약 있다면 그 관계가 강한 것인지, 약한 것인지 파악이 가능함

■ 상자그래프

◦ 탐색적 자료분석에 많이 사용되는 그림으로 다섯숫자요약값을 이용하여 상자와 수염으로 표시한 그래프로, 제1사분위수(Q1), 중앙값(Q2), 제3사분위수(Q3), 최솟값, 최대값, 이상치 등을 상자모양으로 나타내어 자료의 중심위치를 확인하여 치우친 정도를 파악이 가능

◦ 상자의 길이를 통해 자료의 산포 범위 및 분포의 형태를 파악할 수 있으며 중심위치에서 아주 떨어진 이상치에 대한 확인을 하나의 그림으로 표현함

◦ 데이터의 분포형태가 정규분포와 같이 봉우리가 하나만 가진 분포인 경우에 주로 사용

■ 줄기-잎 그래프

◦ 데이터의 기본적 형태를 쉽게 파악할 수 있도록 숫자를 배열하여 히스토그램 모양으로 나타내어 분포 형태를 알아보는 탐색적 목적의 그래프

◦ 다른 그래프와 달리 집단화에 따른 정보의 손실이 없으며 표의 장점과 그림의 장점을 모두 가진 것이 특징

◦ 그래프의 모양을 통해 자료의 중심위치를 확인할 수 있고, 자료의 산포 범위 및 분포의 형태 파악이 가능

◦ 중심위치에서 아주 떨어진 이상치에 대한 확인을 그림으로 나타낼 수 있음

◦ 다양한 분포 형태의 경우에도 사용할 수 있으나 너무 적은 수의 데이터의 표현에는 적합하지 않음

■ 정규확률 그래프

- 대부분의 통계분석에서 데이터들이 정규분포를 따른다는 가정하며, 만약 데이터들이 정규분포를 따르지 않으면 분석결과가 왜곡될 수 있음
- 일반화가 가능한 데이터를 사용하고 있는지에 대한 검사임
- 정규확률그래프는 탐색적으로 일변량 자료에 대한 정규성을 검정하는 방법으로, 각 데이터 값의 정규점수와 표준화된 데이터 값의 산점도로서 이들이 직선상에 위치하면 정규분포를 따른다고 볼 수 있음
- 히스토그램, 줄기-잎 그래프, 상자그래프 등으로는 개략적인 정규분포를 확인할 수 있으므로 정규성검정을 위해 정규확률그래프 정규성검정을 해야 함

■ 히스토그램

- 히스토그램(histogram)은 도표 형식의 도수 분포를 면적 형식으로 나타낸 것임(도수분포표를 그래프로 나타낸 것)
- 도수분포표의 계급 폭을 밑변으로 하고 그 계급의 포함되는 자료의 도수를 비례하는 면적을 지닌 직사각형을 나열한 그림
- 데이터의 분포 형태를 시각적으로 파악할 수 있고 자료의 특징을 잘 표현함
- 막대그래프와 히스토그램의 차이는 선과 면의 차이와 같음
- 막대그래프는 길이가 의미 있고, 히스토그램은 차지하는 면적의 크기개념임

※ 도수분포표: 데이터의 각 값의 출현도수를 세거나 몇 개의 구간으로 나눌 때 각 구간에 속하는 데이터의 개수를 세어서 정리한 표

※ 도수분포다각형: 히스토그램의 각 직사각형의 윗변의 중점을 차례대로 선분으로 연결하여 그린 그림

○ 학습한 내용

- 원그래프는 각 범주의 크기에 비례하여 원의 조각 형태로 표현한 것이고, 막대그래프는 각 범주의 크기를 막대나 기둥모양으로 나타낸 것이며, 꺾은선 그래프는 시간의 경과에 따른 변화 추이를 나타낼 때 사용한다.
- 산점도는 두 변수의 관측값들의 좌표에 점을 찍어 대략적 관계를 시각적으로 판단할 수 있도록 나타낸 그림이다. 상자그래프는 제1사분위수, 중앙값, 제3사분위수, 최솟값, 최대값, 이상치 등을 상자모양으로 나타낸 그래프이다. 줄기-잎 그래프는 데이터의 기본적 형태를 숫자를 배열하여 히스토그램 모양으로 나타낸 그림이다. 정규확률 그래프는 탐색적으로 일변량 자료에 대한 정규성을 검정할 때 사용하는 그래프이다. 히스토그램은 데이터의 분포 형태를 시각적으로 파악할 수 있고 자료의 특징을 잘 표현할 수 있다.

○ 익힘문제

- 명목형 자료와 연속형 자료를 대상으로 막대그래프, 꺾은선그래프의 사용 용도에 대해 비교 설명하시오.
- 상자그래프의 장점은 무엇인가?
- 통계그래프들 중 줄기-잎 그래프의 가장 큰 특징에 대해 설명하시오.
- 정규확률 그래프의 주 용도에 대해 설명하시오.
- 히스토그램과 막대그래프를 구분하여 그 특징을 설명하시오.

4

산점도

산점도(Scatter Diagram)는 좌표 평면상의 위치를 이용하여 두 변수 간의 관계를 좌표상의 위치로 나타내는 방법이다.

산점도는 두 종류 이상의 데이터 사이의 관계를 파악해야 할 경우 이들 간의 관계가 있는가를 조사한다든지, 서로 간 어떤 특징이 있는지 등의 상관관계를 파악할 때 주로 사용한다. 따라서 산점도는 이들 사이의 관계를 규명하고 이 관계를 시각적으로 표현하고자 할 때 사용한다. 산점도는 주로 본 조사를 실시하기 전 데이터를 대상으로 문제해결을 위한 사전조사 차원으로 사용한다.

산점도는 서로 간 직접적으로 관계된 변수들이어야 하고, 데이터는 일반적으로 40쌍 이상 되는 것이 바람직하다.

■ 산점도

▪ 특징

◦ 서로 관련이 있는 쌍으로 된 두 변수의 관측값들을 좌표 상에 점을 찍어 두 변수간의 대략적 관계를 시각적으로 판단할 수 있도록 나타낸 그림
◦ 한 쌍의 데이터 x와 y를 취해 그래프용지의 가로축에 데이터 x를, 세로축에 데이터 y의 값을 잡아, 측정 데이터의 관계를 그림으로 나타낸 것
◦ 산점도 위에 나타난 점의 모양에 따라 두 데이터간의 상관관계가 있는지, 만약 있다면 그 관계가 강한 것인지, 약한 것인지를 파악 가능함

▪ 작성방법

⑧ 대응하는 두 종류의 데이터를 취합함

⑨ 데이터들 간 인과관계에 있을 때에는 원인을 x, 결과를 y로 정함

⑩ 데이터 x와 y 각각의 최대치와 최소치를 구함

⑪ 가로축과 세로축을 잡아 눈금을 매김

⑫ x, y 각각의 최대치와 최소치가 가로축과 세로축에 포함되도록 하며 또한 두 축의 거리를 거의 같은 위치에 찍음

⑬ 데이터의 수, 목적, 제품명, 공정명, 작성부서명, 작성자명, 작성년월일 등을 여백에 기입

▪ 유의사항

◦ 이상치의 처리시 그 원인이 규명되면 그 점을 제외한 상태에서 관계를 고찰하고, 원인 불명일 때에는 함부로 제거하여서는 아니 됨
◦ 기술적으로 볼 경우 상관관계가 있다고 판단되지 않음에도 불구하고 산점도 상에서는 '상관이 있다'라는 상태를 나타내는 경우 이를 그대로 받아들여 해석하는 경우에 주의를 요함

■ 산점도 해석방법

- 상관관계의 유무 확인
  - 강한 양의 상관: x가 증가하면 y도 직선적으로 증가
  - 약한 양의 상관: x가 증가하면 y도 증가하지만 정도는 비교적 약함
  - 강한 음의 상관: x가 증가하면 y는 뚜렷이 감소
  - 약한 음의 상관: x가 증가하면 y는 감소하지만 정도는 비교적 약함
  - 상관없는 경우: x와 y가 서로 상관이 없는 경우
  - 직선관계가 아닌 경우: x와 y가 2차곡선이나 3차곡선으로 나타나는 경우

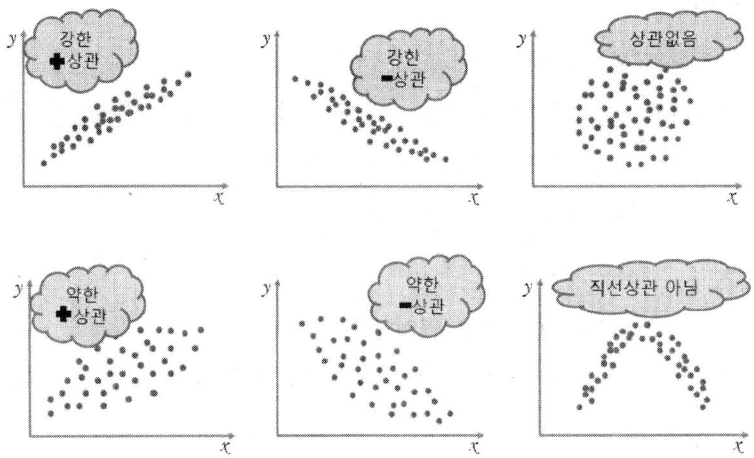

- 이상치의 확인
  - 산점도 위에 점들 중에서 이상하게 동떨어진 값이 없는지 확인
  - 이상치는 환경, 측정의 잘못 등 특별한 원인에 기인함

실습 4

문제 산점도 그리기

자녀의 수와 자녀와 함께 보내는 시간간과의 상관성

1 산점도 그리기

2 결과 해석하기

Data 자료의 입력

표 5. 자녀수와 함께한 시간의 상관성

자녀수	1	1	1	1	2	2	3	4	4	5	5
함께한 시간	1	2	3	5	1	3	0	3	6	4	5

실습 4

산점도 그리기

결과

산점도 그리기

특징, 결과 해석

해석

1 산점도에 따른 해석

2 분포형태에 따른 해석

3 기타 해석(이상치 등)

O 학습한 내용

- 산점도는 두 변수 간의 관계를 좌표상의 위치로 나타내는 방법이다.
- 산점도는 두 종류 이상의 데이터 사이의 관계를 파악하여 서로 간 어떤 특징이 있는지 등을 파악할 때 주로 사용한다.
- 산점도는 서로 간 관계를 규명하고 이 관계를 시각적으로 표현하고자 할 때 사용한다.
- 산점도는 주로 본 조사를 실시하기 전 사전조사 차원으로 사용한다.
- 산점도에 사용할 데이터는 일반적으로 40쌍 이상 되는 것이 바람직하다.

O 익힘문제

- 산점도와 히스토그램의 차이는 무엇인가?
- 산점도에 나타난 점들의 모양에 대해 설명하시오.
- 산점도 결과 직선에 가까운 모양을 가지고 있다는 것은 무엇을 의미하는가?
- 음의 상관을 가진 산점도 모양과 양의 상관을 가진 산점도 모양의 특징에 대해 설명하시오.

5

상자그래프

상자그래프는 탐색적 자료분석에 많이 사용되는 그래프로 다섯숫자요약값을 이용하여 상자와 수염으로 표시한 그래프이다. 이 그래프의 특징은 제1사분위수(Q1), 중앙값(Q2), 제3사분위수(Q3), 최솟값, 최대값, 이상치 등을 상자모양으로 나타내어 자료의 중심위치를 확인하여 치우친 정도를 파악할 수 있으며, 상자의 길이를 통해 자료의 산포 범위 및 분포의 형태를 파악할 수 있다. 또한 중심위치에서 아주 떨어진 이상치에 대해 그림으로 나타낼 수 있다.

하지만 데이터의 분포형태가 정규분포와 같이 봉우리가 하나만 가진 분포인 경우에 사용한다.

■ 상자그래프

■ 특징

◦ 분포의 다양한 특성을 하나의 그림에 함축
◦ **다섯숫자요약값**을 이용하여 상자와 수염형태로 표시하여 그리는 그래프
◦ **다섯숫자요약값**: 제1사분위수(Q1), 중앙값(Q2), 제3사분위수(Q3), 최솟값, 최대값
◦ 여러 개의 자료집단으로부터의 상자그림을 나란히 배열함으로써 여러 개의 분포를 동시에 비교할 수 있음
◦ 줄기-잎 그림과 더불어 탐색적 자료분석에서 많이 사용됨
◦ 여러 개의 집단의 최대값 및 최솟값의 비교는 물론, 평균치의 개괄적인 비교도 가능함
◦ 자료의 중심위치, 퍼진 정도 등의 주어진 수치 이외에도 분포의 대칭성, 분포의 집중정도를 확인할 수 있음
◦ 대부분의 자료들로부터 떨어져 있는 이상치를 파악할 수 있음

■ 작성방법

① 상자의 상하 모서리를 제1사분위수(Q1)와 제3사분위수(Q3)에 맞추어 네모상자를 그린다.
② 네모상자 내부에 중앙값의 위치를 수평으로 그어준다.
③ 사분위수범위(Q3-Q1)의 값에 1.5배 위치지점을 정한다.
④ 이 지점내의 가장 가까운 값들에는 **X표시**를 하고 네모상자와 직선으로 연결한다.
⑤ 사분위수범위값의 1.5배를 벗어난 지점에는 •표시를 한다.

■ 그래프 해석

■ 해석방법

◦ 자료의 중심위치를 확인하여 치우친 정도를 파악(모양)
◦ 자료의 산포가 큰지 작은지 확인(범위 확인)
◦ 분포의 형태가 대칭인지 파악(중앙값, 최빈값 등)
◦ 중심점에서 아주 동떨어진 이상한 자료는 없는지 확인

■ 유의사항

◦ 상자그림은 데이터의 분포형태가 봉우리가 하나만 가진 분포를 가정하여 만들어짐
◦ 봉우리가 여러 개 있는 분포를 갖는 자료에 대하여 상자그림을 이용한 분석은 의미가 없음

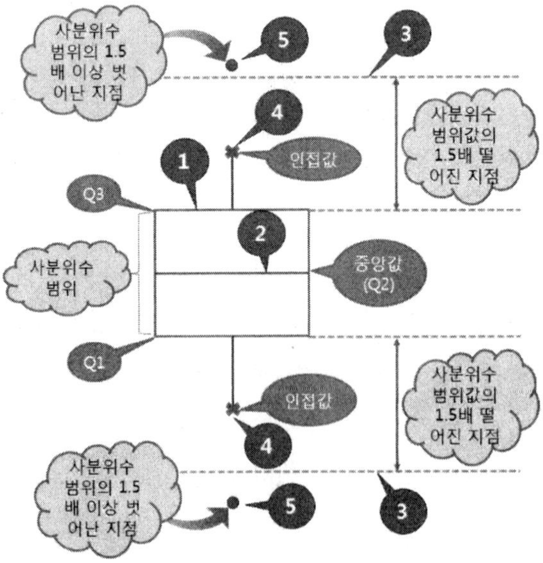

실습 5

문제　상자그래프 그리기

조선왕조 임금들의 수명자료를 이용하여 상자그림 그리기

1 다섯 숫자요약 값 구하기

2 상자그림 그리기

3 결과 해석하기

Data　자료의 입력

표 6. 조선 왕들의 수명자료

73	62	45	54	38	17
51	28	37	30	56	30
33	56	66	54	40	33
59	36	82	48	44	22
32	67	52			

실습 5

상자그래프 그리기

결과

상자그림 그리기

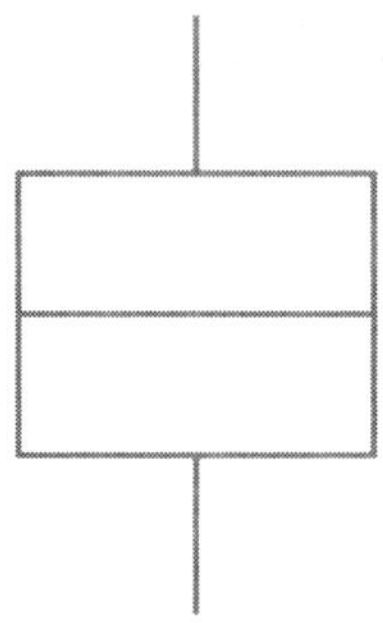

특징, 결과 해석

해석

1. 중심위치에 따른 해석(중앙값)

2. 산포에 따른 해석(사분위수)

3. 분포형태에 따른 해석(이상치)

○ 학습한 내용

- 상자그래프는 다섯 숫자 요약값을 이용하여 상자와 수염으로 표시한 그래프이다.
- 그래프의 특징은 제1사분위수(Q1), 중앙값(Q2), 제3사분위수(Q3), 최솟값, 최대값, 이상치 등을 상자모양으로 나타내어 자료의 중심위치를 확인하여 치우친 정도를 파악할 수 있다.
- 상자의 길이를 통해 자료의 산포 범위 및 분포의 형태를 파악할 수 있다.
- 중심위치에서 아주 떨어진 이상치에 대해 그림으로 나타낼 수 있다.
- 데이터의 분포형태가 봉우리가 하나만 가진 분포인 경우에만 사용한다.

○ 익힘문제

- 상자그래프를 사용하는 이유에 대해 설명하시오.
- 상자그래프에서 다섯 숫자 요약값을 나열하고 그림을 통해 설명하시오.
- 상자 그래프에서 이상치의 표현은 어떻게 하는지 설명하시오.

6

줄기-잎 그래프

줄기-잎 그래프는 데이터의 기본적 형태를 쉽게 파악할 수 있도록 숫자를 배열하여 히스토그램 모양으로 나타내어 분포 형태를 알아보는 탐색적 자료분석 방법이다. 다른 그래프와 달리 집단화에 따른 정보의 손실이 없으며 표의 장점과 그림의 장점을 모두 가진 형태이다. 이는 데이터의 기본적 형태를 쉽게 파악할 수 있도록 배열과 히스토그램을 복합적으로 나타내어 분포형태를 알아보는 탐색적 자료분석 기법으로 표와 그림을 동시에 나타낼 수 있다.

이 그래프의 모양을 통해 자료의 중심위치를 확인할 수 있고, 자료의 산포 범위 및 분포의 형태를 파악할 수 있으며 중심위치에서 아주 떨어진 이상치에 대한 확인을 하나의 그림으로 나타낼 수 있으며 다양한 분포 형태의 경우에도 사용할 수 있으나 너무 적은 수의 데이터의 표현에는 적합하지 않다.

■ 줄기-잎 그래프

■ 특징

◦ 데이터의 기본적 형태를 쉽게 파악할 수 있도록 배열과 히스토그램을 복합적으로 나타내어 분포형태를 알아보는 탐색적 자료분석 기법
◦ 집단화에 따른 정보의 손실을 해소하고 표와 그림을 동시에 나타냄
◦ 정량화된 데이터와 비교적 적은 수의 데이터 표현에 사용

■ 작성방법

① 데이터를 크기순으로 정렬하여 최대값과 최솟값을 구하여 데이터의 줄기를 정함
② 줄기부분이 정해지면 줄기를 제외한 나머지 부분을 잎으로 정함
③ 각 줄기에 해당하는 데이터의 잎부분은 해당 줄기의 오른쪽에 가로로 순서대로 나열
④ 줄기값과 잎의 값을 구분하기 위해 줄기와 잎 사이에 세로선을 넣음

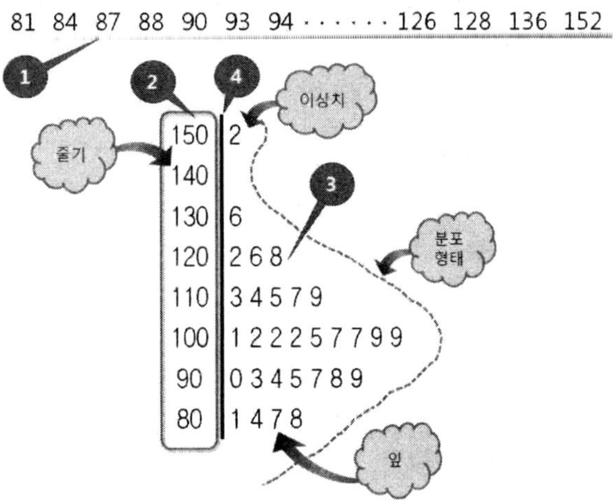

■ 그래프 해석

■ 해석방법

◦ 자료의 중심위치를 확인하여 치우친 정도를 파악(모양)
◦ 자료의 산포가 큰지 작은지 확인(범위 확인)
◦ 분포의 형태가 대칭인지 파악(중앙값, 최빈값 등)
◦ 중심점에서 아주 동떨어진 이상한 자료는 없는지 확인
◦ 좌측 그림의 예

① 분포모양은 정규분포의 형태를 띤다고 볼 수 있음

② 중앙값: (102+105)/2 = 103.5

③ 범위: 152 - 81 = 71로서 IQ의 최대값, 최솟값간의 편차가 심함

④ 극단적인 값인 IQ 152가 존재함

■ 유의사항

◦ 줄기-잎 그림은 도수분포표의 중심부분을 잘 설명하여 주지만 극단점의 표현에는 상자그림이 더 시각적 표현에 우수함
◦ 데이터의 내용까지 나열할 목적이 아닌, 단순히 비교목적이라면 막대그래프 등의 그래프가 더 유용함
◦ 구간의 폭을 일정하게 유지해야 함
◦ 너무 적은 수의 데이터를 줄기-잎 그림으로 표현하는 것은 의미가 없음
◦ 줄기의 수는 5~10개 정도가 적당하며 너무 많으면 줄기를 합하여 일정 구간으로 다시 나누어 줄기의 수를 줄임

실습 6

문제 줄기-잎 그래프 그리기

시내 A 고등학교 학생들의 IQ 분포표를 보고 줄기-잎 그림을 그리기

1 줄기-잎 그림 그리기

2 결과값 해석하기

Data 자료의 입력

표 7. 시내 고등학교 1학년A반 학생의 IQ 분포표

119	126	109	102	97	113
122	84	102	98	94	117
107	102	87	81	115	105
101	128	114	88	93	95
99	109	152	136	90	107

실습 6

줄기-잎 그래프 그리기

결과

줄기-잎 그림 그리기	
150	2
80	1

특징, 결과 해석

해석

1. 중심위치에 따른 해석(봉우리 쪽)

2. 산포에 따른 해석(범위)

3. 분포형태에 따른 해석

○ 학습한 내용

- 줄기-잎 그래프는 데이터의 기본적 형태를 쉽게 파악할 수 있도록 숫자를 배열하여 히스토그램 모양으로 나타내어 분포 형태를 알아보는 탐색적 자료분석 방법이다.
- 집단화에 따른 정보의 손실이 없으며 표의 장점과 그림의 장점을 모두 가진 형태로서 정보의 손실을 해소하고 표와 그림을 동시에 나타낼 수 있다.
- 이 그래프의 모양을 통해 자료의 중심위치를 확인할 수 있고, 자료의 산포 범위 및 분포의 형태를 파악할 수 있다.
- 중심위치에서 아주 떨어진 이상치에 대한 확인을 하나의 그림으로 나타낼 수 있으며 다양한 분포 형태의 경우에도 사용할 수 있다.
- 너무 적은 수의 데이터의 표현에는 적합하지 않다.

○ 익힘문제

- 줄기-잎 그래프가 다른 그래프와 가장 크게 차이가 나는 점에 대해 설명하시오.
- 줄기-잎 그래프의 사용 시 유의할 점에 대해 설명하시오.

7

정규확률 그래프

정규확률그래프(normal probability plots)는 정규성으로부터의 이탈 정도를 평가하는데 사용한다. 완전 정규적인 데이터들은 정규확률 그래프를 따르는 선으로 집중되지만, 정규성에서 이탈한 데이터들은 완전 정규분포를 나타내는 일직선에서 벗어난 곳에 위치하게 된다. 따라서 정규확률 그래프를 통해 데이터들의 정규성 검사가 가능하며 일직선에 근접한 위치에 점들이 존재한다면 데이터들이 정규성을 띠고 있다고 할 수 있다.

정규확률 그래프를 그려보는 이유는 조사 데이터가 일반화가 가능한 데이터인지에 대한 검사를 실시하는 경우 직관적인 결과를 얻을 수 있기 때문이다.

■ 정규확률 그래프

■ 특징

- 대부분의 통계분석에서 데이터들이 정규분포를 따른다는 가정을 함
- 일반화가 가능한 데이터를 사용하고 있는지에 대한 검사임
- 정규확률 그래프는 탐색적으로 일변량 자료에 대한 정규성을 검정하는 방법
- 만약 데이터들이 정규분포를 따르지 않으면 분석결과가 왜곡될 수 있음
- 각 데이터 값의 정규점수와 표준화된 데이터 값의 산점도로서 이들이 직선상에 위치하면 정규분포를 따른다고 볼 수 있음
- 히스토그램, 줄기-잎 그래프, 상자그래프 등으로는 개략적인 정규분포를 확인할 수 있으므로 검정을 위해 정규확률그래프와 정규성검정을 해야 함
- 데이터가 $x_1, x_2, x_3, \cdots\cdots, x_n$ 일 때, 정규확률그림을 그리기 위해서 일반적으로 사용되는 검정방법

$$q(i) = \frac{i - \frac{1}{2}}{n}$$

■ 작성방법

① 자료를 오름차순으로 정렬하고 그에 대응하는 확률값을 구함

② 표준정규분포의 분위수 $q_1\ q_2\ q_3, \cdots\cdots, q_n$ 을 구함

여기서 $q_i = \dfrac{i - 0.375}{n + 0.25}$ 로 정의

③ $(q_1, x_1), (q_2, x_2), (q_3, x_3), \cdots\cdots, (q_n, x_n)$ 을 좌표상에 점을 찍고, 점들의 형태를 조사

④ 점들이 비선형이면 자료가 정규분포를 따른다고 볼 수 없음

■ 그래프 해석

▪ 해석방법

- 데이터의 위치들이 직선상에 근접해 있는지 확인
- 직선에서 멀리 떨어진 지점들이 있는지 확인
- 위의 예는 비교적 직선상에 존재한다고 볼 수 있으므로 정규분포를 따른다고 볼 수 있음
- 위의 예에서는 한 점을 제외하고는 대부분 직선근처에 존재하므로 떨어져 있는 점이 이상치일 가능성이 높음
- 데이터 수가 10개로 사례수가 적기 때문에 줄기-잎 그림보다는 정규확률그림이 더 적합한 방법임

▪ 유의사항

- 정규확률 그래프에서 분포형태가 미미하지만 약간의 곡선을 가질 수 있으며 이는 분포가 정규분포형태에서 왜도, 첨도 값의 변화로 인해 직선이 되지 못하고 S자형의 곡선으로 나타날 수 있음

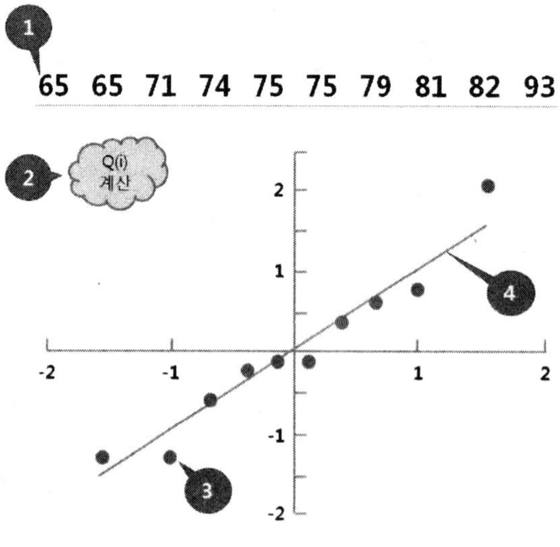

실습 7

문제 정규확률 그래프 그리기

시내 A 고등학교 학생들의 IQ 분포표를 보고 정규확률 그래프 그리기

1 정규확률 그래프 그리기

2 결과값 해석하기

Data 자료의 입력

표 8. 시내 고등학교 1학년A반 학생의 IQ 분포표

119	126	109	102	97	113
122	84	102	98	94	117
107	102	87	81	115	105
101	128	114	88	93	95
99	109	152	136	90	107

실습 7

정규확률 그래프 그리기

결과

줄기-잎 그림 그리기

특징, 결과 해석

해석

1 중심위치에 따른 해석

2 산포에 따른 해석

3 분포형태에 따른 해석

O 학습한 내용

- 정규확률그래프는 데이터의 정규성을 평가하는데 사용한다.
- 완전 정규성을 가진 데이터들은 정규확률 그래프를 따르는 선으로 집중되어 나타난다.
- 정규성에서 이탈한 데이터들은 일직선에서 벗어난 곳에 위치한다.
- 정규성을 띤 데이터들은 정규확률그래프에서 일직선에 근접한 위치에 점들이 존재한다.
- 정규확률 그래프는 조사 데이터가 일반화가 가능한 데이터인지에 대한 검사를 실시할 때 사용한다.

O 익힘문제

- 정규확률 그래프를 사용하는 이유에 대해 설명하시오.
- 정규확률 그래프에서 점들이 일직선에 근접한 경우와 그렇지 못한 경우는 어떤 의미인지 설명하시오.
- 정규확률 그래프에서 점들의 모양이 곡선형태를 띠는 경우는 어떤 경우인가?

8

히스토그램

히스토그램(histogram)은 도표 형식의 도수 분포를 면적 형식으로 나타낸 것으로서, 도수분포표에 따라 계급을 밑면, 도수를 높이로 하는 직사각형의 넓이로 나타낸 형태의 그래프이다. 즉, 주어진 빈도분포의 자료를 도표로 나타내는 하나의 방법으로 가로 축을 점수, 세로 축을 빈도로 하여 각 계급의 빈도를 사각기둥의 면적으로 나타낸다.

히스토그램의 모양은 가로 축과 세로 축의 상대적인 길이에 따라 달라지므로, 일반적으로 가로축의 길이를 세로 축의 길이보다 길게 구성하는 것이 일반적이다.

■ 히스토그램

■ 특징

◦ 도수분포표의 계급 폭을 밑변으로 하고 그 계급의 포함되는 자료의 도수를 비례하는 면적을 지닌 직사각형을 나열한 그림
◦ 데이터의 분포 형태를 시각적으로 파악할 수 있고 자료의 특징을 잘 표현함
※ 도수분포표: 데이터의 각 값의 출현도수를 세거나 몇 개의 구간으로 나눌 때 각 구간에 속하는 데이터의 개수를 세어서 정리한 표
※ 도수분포다각형: 히스토그램의 각 직사각형의 윗변의 중점을 차례대로 선분으로 연결하여 그린 그림

■ 히스토그램의 유형

◦ 일반형 : 가장 많이 나타나는 유형으로서 좌우대칭의 종(bell) 모양을 이룸
◦ 이빠진형 : 급의 개수가 많거나 급의 폭을 일정하게 잡지 않은 경우의 유형
◦ 치우친형 : 데이터가 한쪽으로 치우친 히스토그램
◦ 절벽형 : 한쪽이 거의 절벽에 가까운 히스토그램의 모양
◦ 쌍봉우리형 : 2개의 다른 요인에 의해 나타난 결과 값인 경우
◦ 낙도형 : 자료에 이상치가 섞여 있는 경우

■ 작성방법

① 양 끝은 계급의 크기만큼 비워 둠
② 가로축에 각 계급의 양 끝값을 표기
③ 세로축에 각 계급의 도수를 써 넣음
④ 가로에는 계급을, 세로에는 도수크기만한 직사각형을 차례대로 그려 넣음

■ 히스토그램 해석

■ 해석방법

◦ 자료의 중심위치를 확인하여 치우친 정도를 파악

◦ 자료의 산포가 큰지 작은지 확인

◦ 분포의 형태가 대칭인지 파악

◦ 분포형태에서 봉우리가 하나 또는 둘 이상인지 확인

◦ 중심점에서 아주 동떨어진 이상한 자료는 없는지 확인

■ 유의사항

◦ 급간 내 포함된 값들보다 도수에 의미를 두므로 평균이나 산포 등을 구하기 곤란함(줄기-잎 그림은 모두 표현이 가능함)

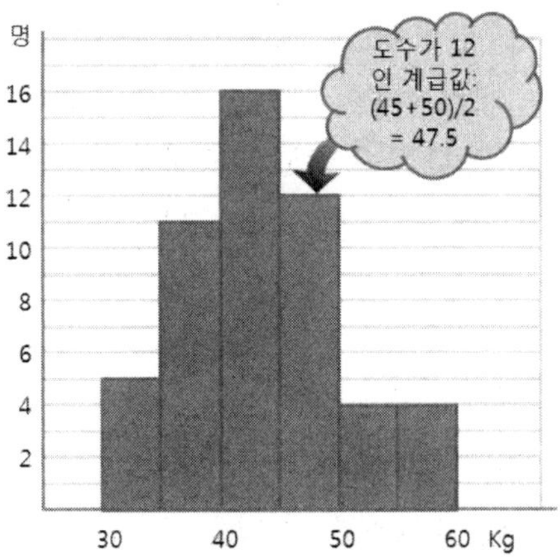

실습 8

문제 히스토그램 그리기

A 초등학교 학생들의 몸무게에 대한 히스토그램과 그 결과 값에 대한 해석

1 히스토그램 그리기

2 그림 해석하기

Data 자료의 입력

표 9. A 초등학교 학생들의 몸무게

몸무게(kg)	도수(명)
30 ~ 35미만	5
35 ~ 40미만	11
40 ~ 45미만	16
45 ~ 50미만	12
50 ~ 55미만	4
55 ~ 60미만	4
합 계	52

실습 8

히스토그램 그리기 결과

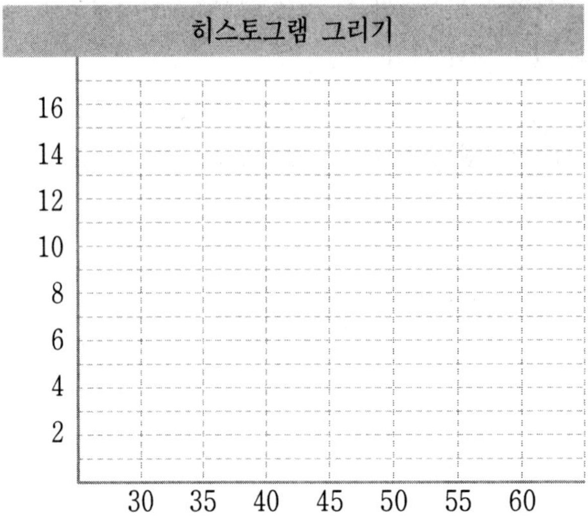

특징, 결과 해석 해석

■1 중심위치에 따른 해석(치우침)

■2 산포에 따른 해석(퍼짐)

■3 분포형태에 따른 해석(이상치)

○ 학습한 내용

- 히스토그램은 도표 형식의 도수 분포를 면적 형식으로 나타낸 것이다.
- 빈도분포의 자료를 도표로 나타내는 하나의 방법으로 가로 축을 점수, 세로 축을 빈도로 하여 각 계급의 빈도를 사각기둥의 면적으로 나타낸다.
- 히스토그램의 모양은 일반적으로 가로축의 길이를 세로 축의 길이보다 길게 구성하는 것이 일반적이다.
- 히스토그램은 막대그래프의 막대의 길이 개념이 아닌, 계급 × 도수의 면적의 개념이다.

○ 익힘문제

- 히스토그램과 막대그래프의 차이점에 대해 설명하시오.
- 히스토그램 사용시 유의사항에 대해 설명하시오.

Part III

범주형 자료 분석

범주형 자료(categorical data)는 모집단이나 측정결과를 범주형 변수에 따라 분류시켜 빈도로 주어지는 자료를 의미하는 것으로, 데이터 변수의 속성이 일련의 범주 또는 불연속적 척도로 구성된 것으로서 성별, 종교, 학력, 지역 등이 여기에 속한다. 이러한 변수들 사이에 인과적 관계를 나타내는 것은 아니며, 상호 독립적이 아님을 검증하는 분석방법이 범주형 자료분석이다.

대표적인 범주형 자료분석에는 적합성 검정, 독립성 검정 및 동질성 검정이 이 있으며 주로 분할표를 이용하여 분석을 실시한다. 먼저 적합성 검정은 관찰분포가 가설상의 분포와 일치하는지를 검정하는 것이며, 독립성 검정은 자료를 분류하는 두 가지의 기준들이 서로 독립적인가하는 귀무가설을 검정하는 것이며, 동질성 검정은 각각의 모집단에서 독립적으로 뽑은 표본들의 분포가 서로 동질적인지 검정하는 방법이다.

■ 기본개념

■ 범주형 자료

- 측정결과를 범주에 따라 분류시켜 도수로 주어지는 자료를 분석하는 통계적 추론방법
- 명목척도(성별), 서열척도(1등, 2등, 3등) 등의 자료에 대한 분석 가능
- 적합도 검정: 관측값들이 특정한 분포를 따르는지를 검정
- 독립성 검정: 두 요인간에 관계가 있는지를 검정
- 동질성 검정: 분석할 문제의 특성에 대하여 동질성을 갖는지를 검정

■ 범주형 자료들의 공통적인 특성

- 원 데이터들이 도수(개수: count)로 구성
- 가설 하에서 관찰도수에 비교될 수 있는 기대도수 존재
- 기대도수와 관측된 도수 사이의 차이가 실제로 존재하는가의 여부로 판단

■ 검정유형

- 적합성 검정
  - 관찰분포가 가설상의 분포와 일치하는지를 검정으로, 데이터의 분포가 가설에서의 분포와 일치하는지에 대한 검정(기대치와 관찰치의 차이가 있으면 표본이 정규분포를 하는 집단에서 나온 것이 아님)
- 독립성 검정
  - 자료를 분류하는 두 가지의 기준들이 서로 독립적인가하는 귀무가설을 검정하는 것으로, 어떤 하나의 기준에 의한 분포가 다른 기준의 분포에 관계없이 동일하다면 이때의 두 가지 분류 방법은 서로 독립이라고 함
- 동질성 검정
  - 각각의 모집단에서 독립적으로 뽑은 표본들의 분포가 서로 동질인지 검정

■ 통계적 검정방법

■ 카이제곱(x^2) 검정

- 하나의 분류방법에 따른 r개의 행과 또 다른 분류방법에 따른 c개의 열로 구성되며, 자유도가 (r−1)(c−1)인 카이제곱 분포를 함
- 조사된 데이터를 정리하여 얻은 이차원 분할표 자료에서 두 변수간의 연관성을 검정
- 기대도수 5미만의 cell의 수가 전체 20%를 넘지 않으며, 최소기대치가 1이상이면 무난함(그러나 소규모 분할표에서는 어느 한 개의 기대도수가 5미만일 때는 카이제곱 검정을 하지 않음)
- 분할표: 두 가지 혹은 그 이상의 속성에 따라 분류된 표본 관측값으로부터 얻어지는 도수로 구성되는 데이터
- 귀무가설(H_0): 행과 열의 요인이 서로 독립(적합, 동질)
- 대립가설(H_1): 행과 열의 요인이 서로 독립(적합, 동질)적이지 않음

■ 모집단 비교 방법

	적합성	독립성	동질성	
범주형	x^2 test	x^2 test	x^2 test	명목척도 서열척도
수치형	t−test	t−test	F−test	등간척도 비율척도
	보통 1집단	2집단	여러집단	

○ 학습한 내용

- 범주형 자료(categorical data)는 모집단이나 측정결과를 범주형 변수에 따라 분류시켜 빈도로 주어지는 자료로서, 일련의 범주 또는 불연속적 척도로 구성된 것으로서 성별, 종교, 학력, 지역 등이 여기에 속한다.
- 변수들 사이에 인과적 관계를 나타내는 것은 아니고, 상호 독립적이 아님을 검증하는 분석방법이 범주형 자료분석이다.
- 범주형 자료분석은 적합성 검정, 독립성 검정 및 동질성 검정이 이 있다.
- 적합성 검정은 관찰분포가 가설상의 분포와 일치하는지를 검정하는 것이며, 독립성 검정은 자료를 분류하는 두 가지의 기준들이 서로 독립적인가 하는 귀무가설을 검정하는 것이며, 동질성 검정은 각 각의 모집단에서 독립적으로 뽑은 표본들의 분포가 서로 동질적인지 검정하는 방법이다.
- 범주형 자료분석에 대한 통계적 검정방법은 카이제곱 검정을 통해 주로 검정한다.

○ 익힘문제

- 범주형 자료분석이란 문엇인가?
- 적합성 검정, 독립성 검정, 동질성 검정에 대해 비교 설명하시오.
- 범주형 자료분석에 사용되는 통계적 검정방법으로 어떤 검정방법을 사용하는가?

9

적합도 검정

적합도 검정은 한 표본의 분포가 어떤 이론적인 분포와 일치하는지 여부에 대한 비모수적 통계방법을 의미한다. 다시 말해서, 대상 자료에 적용한 확률분포 모형이 적합한지를 통계적으로 판단하는 것으로서 도수표에 나타낸 자료들이 이론적인 또는 가정된 기준과 일치하는지에 대한 검정방법이다.

적합도 검정은 보통 주어진 비율이나 이론적 공식에 의해 기준이 주어지면 하나의 표본 분포가 주어진 기준과 일치하는지를 검정하기 위해 통계적 검정방법으로 카이제곱 검정을 이용하여 적합도를 검정하게 된다.

이 검정은 주어진 기준에 얼마나 일치하는가에 대한 것으로서 귀무가설이 기각되었다는 의미는 주어진 기준과 표본의 분포가 일치하지 않음을 의미한다.

■ 적합도 검정

- **적합도 검정**(Goodness of Fit test)
  - 한 표본의 분포가 어떤 이론적인 분포와 일치하는지 여부에 대한 비모수적 통계방법
  - 대상 자료에 적용한 확률분포 모형이 적합한지를 통계적으로 판단하는 검정 방법
  - 도수표에 나타낸 자료들이 이론적인 또는 가정된 모형과 일치하는지에 대한 검정방법
- 카이제곱검정
  - 관측된 확률변수의 분포가 어떤 이론 확률분포에 적합한가를 판단하기 위한 검정방법
  - 데이터를 크기에 의해 k개의 계급구간으로 나누고 이론치와 자료치의 절대 도수를 비교함
  - 주로 범주형 자료에서 많이 사용하는 적합도검정 방법임
- Kolmogorov-Smirnov 검정
  - 표본자료의 누가확률분포와 가정된 이론 확률 분포의 누가확률분포를 비교하는 것으로서 양자의 최대편차가 표본의 크기와 유의수준에 따라 결정되는 한계편차보다 크면, 분포는 기각됨

■ 자료의 형태

범주	1	2	…	k	계
관측도수	n_1	n_2	…	n_k	n
확률	p_1	p_2	…	p_k	1

◦ 기대도수: $E_i = np_{i0}$

◦ 관측도수: $O_i = n_i$

◦ 적합도 검정 공식: $x^2 = \sum_{i=1}^{k} \frac{(O_i - E_i)^2}{E_i}$

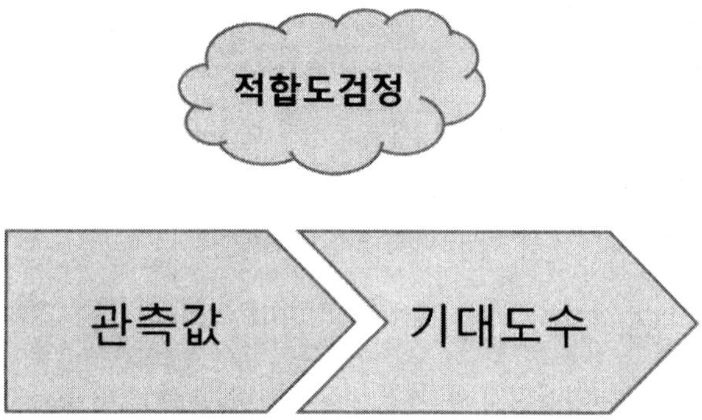

◦ 적합도검정은 관측된 집단이 우리가 가정한 기준과 얼마나 적합한지를 검정하는 것임

◦ 적합성 검정은 주로 단일집단으로 구성된 데이터를 기준점과 적합한지를 검정

◦ 귀무가설은 모든 셀의 기대도수값이 주어진 기준값과 서로 동일하다는 가정을 함

■ 사용 예

완두콩 교배실험에서는 둥글고 노란 완두가 315개, 둥글고 녹색인 완두가 108개, 모나고 노란 완두가 101개, 모나고 녹색인 완두가 32개 얻어졌다. 멘델의 이론에 의하면 이들의 비율은 9:3:3:1이어야 한다. 교배실험이 멘델의 이론에 어긋난다고 할 수 있는가?

(통계학입문, p138, 송문섭외1, 자유아카데미에서 부분 발췌)

- 작성방법

① 엑셀에서 데이터를 변수명과 함께 입력

② 통계분석 메뉴 클릭

③ 범주형 자료분석 선택 후 적합도 검정 선택

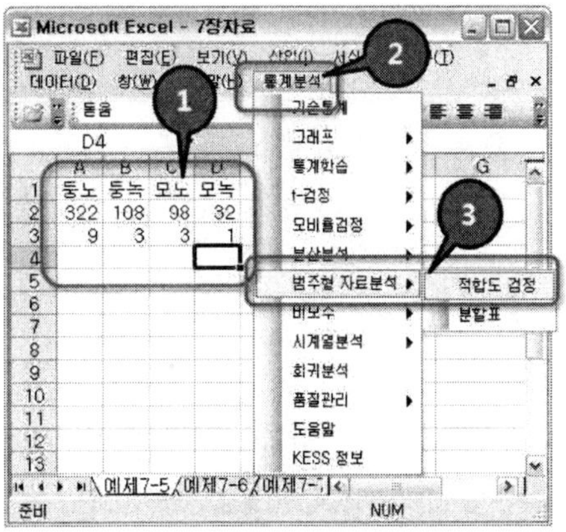

④ 출력옵션을 그대로

⑤ 확인버튼 클릭

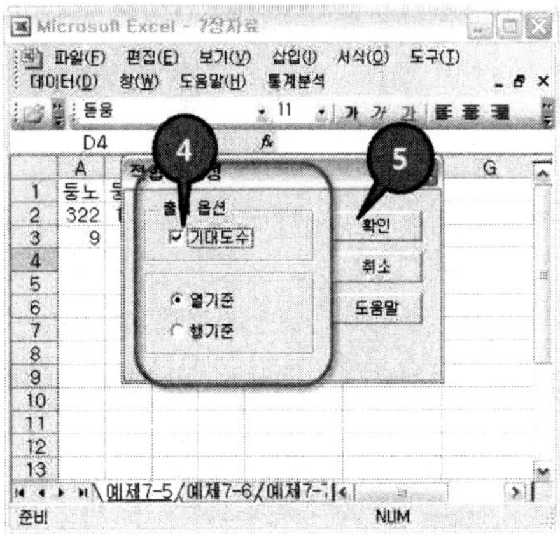

- 출력결과

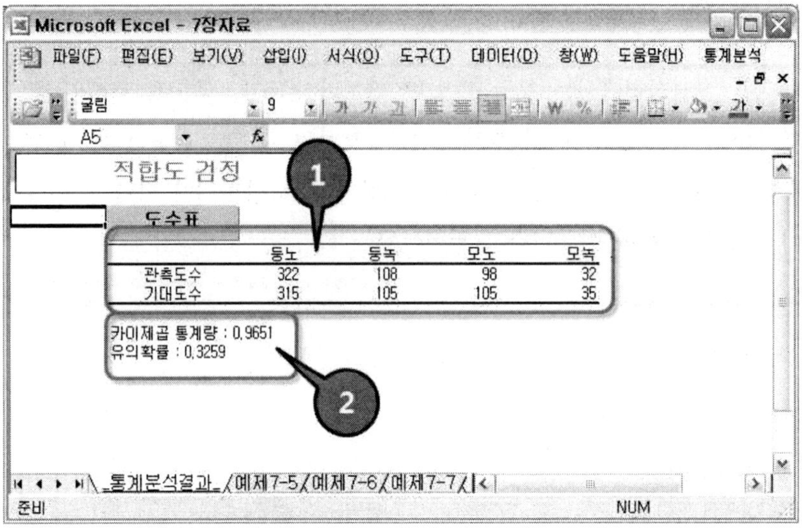

① 도수분포표 출력

② 카이제곱 통계량: 0.9651, 유의확률: 0.3259

- 결과 해석

  - 적합도 검정이므로 도수표를 확인
  - 관측도수와 기대도수가 큰 편차는 없음
  - 통계적으로 적합성을 판정하는 근거는 ②유의확률의 값으로 판정을 하게 됨
  - 유의확률이 0.3259로서 0.05보다 큰 값이므로 유의수준 5%에서 귀무가설인 $\mu = \mu_0$ 를 기각할 수 없음. 즉, 교배실험으로 얻어진 데이터는 멘델의 법칙을 따른다고 볼 수 있음

	둥글고 노랑	둥글고 녹색	모나고 노랑	모나고 녹색	계
O_i	315	108	101	32	556
E_i	312.75	104.25	104.25	34.75	556
$\frac{(O_i - E_i)^2}{E_i}$	0.0162	0.1349	0.1013	0.2176	0.4700

실습 9

문제 적합도 검정(1)

K광역시 행정서비스 만족도를 조사하기 위해 임의로 5개의 동을 추출하여 200명씩 표본을 추출하여 설문지를 우편발송한 후 그 결과를 취합하였다. 취합 후 최종 표본의 수가 균일한지에 대해 검정해 보시오.

■1 기술통계량 구하기

1. 도수표 구하기
2. 카이제곱값 구하기

■2 결과값 해석하기

Data 자료의 입력

표 10. A시 만족도 설문 회수 부수

동이름	A동	B동	C동	D동	E동
회수량	110	99	95	86	91

실습 9

적합도 검정(1)

결과

통계량	실습값	확인

관측도수				
기대도수				

귀무가설(H_0) ______ ______

대립가설(H_1) ______ ______

______ ______ ______

x^2통계량 ______ ______

유의확률 ______ ______

특징, 결과 해석

해석

1 도수표에 따른 해석

______

______

______

2 검정에 따른 해석

______

______

______

3 기타 해석

______

______

______

실습 10

문제 적합도 검정(2)

J 대학 복지과 학생들의 장학생 분포비율을 확인하기 위해 다음과 같은 자료를 얻었다. 반별로 장학생의 분포가 동일한지를 검정해 보시오.

1 기술통계량 구하기

1. 도수표 구하기
2. 카이제곱값, 유의확률 구하기

2 결과값 해석하기

Data 자료의 입력

표 11. 복지과 반별 장학생 수

반	A	B	C	D	E
장학생수	3	4	3	2	3

실습 10

적합도 검정(2)

결과

통계량	실습값	확인

관측도수				
기대도수				

통계량	실습값	확인
귀무가설(H_0)		
대립가설(H_1)		
x^2통계량		
유의확률		

특징, 결과 해석

해석

1 도수표에 따른 해석

2 검정에 따른 해석

3 기타 해석

O 학습한 내용

- 적합도 검정은 한 표본의 분포가 어떤 이론적인 분포와 일치하는지 여부에 대한 비모수적 통계방법을 의미한다.
- 도수표에 나타낸 자료들이 이론적인 또는 가정된 기준과 일치하는지에 대한 검정방법이다.
- 적합도 검정을 수행하기 위해 통계적 검정방법으로 카이제곱 검정을 이용하여 적합도를 검정하게 된다.
- 검정결과 귀무가설이 기각되었다는 의미는 주어진 기준과 표본의 분포가 일치하지 않음을 의미한다.

O 익힘문제

- 적합도 검정에 사용하는 표본에 대해 그 특징을 설명하시오.
- 적합도 검정에 사용하는 통계적 검정방법은 무엇인지 설명하시오.
- 적합도 검정결과 유의확률이 0.05 이하로 나타나 귀무가설이 기각된 경우의 해석은 어떻게 해야 하는지 설명하시오.

10

분할표 검정

분할표(crosstab) 검정은 2개 이상의 항목으로 구성된 도표형식으로 구해진 분할표에서의 각 항목 사이의 독립성을 검정하거나, 동질성을 검정하는 경우 사용한다.

분할표 검정에는 독립성 검정과 동질성 검정이 있다. 교차분할표에서 범주의 구분기준이 서로 다른 두 변수가 서로 독립적인지를 검정하는 것이 독립성 검정이고, 각 범주의 비율이 서로 같은지를 검정하는 것은 동질성 검정이다.

분할표 검정을 위한 통계적 검정방법은 적합성 검정과 마찬가지로 카이제곱 검정을 이용하여 범주의 독립성과 동질성에 대한 검정을 실시할 수 있다.

■ 분할표(교차표: Crosstab) 검정

■ 분할표

- ∘ 두 개의 명목, 순서척도 변수들의 이차원 빈도표 작성과 관련성 검정
- ∘ 분할표 검정은 명목척도나 순서척도인 두 변수들 간의 관련성(독립성)을 알아보기 위해 주로 사용
- ∘ 이차원 도수분포표(이원배치표, 교차표, 분할표)를 작성하고 두 변수간의 관련성을 파악
- ∘ 분할표 검정을 하기 위해서는 변수값의 가지 수가 대개 10개 이내로 적어야 함
- ∘ 분할표를 만들고자 하는 두 개의 변수는 모두 명목척도나 순서척도
- ∘ 구간척도나 비율척도라도 원래 변수값을 명목척도나 서열척도로 코딩하여 분할표 검정을 할 수 있음

참고

- 표 (table)
  - ∘ 분할표 검정에서 가장 중요한 도구가 표(table)를 통한 표현임
  - ∘ 응답자의 분포나 응답결과의 정리 또는 시간 경과에 따른 조사 결과의 비교에 사용
  - ∘ 조사결과를 수치적으로 표현하기 때문에 보고서에 유용함
  - ∘ 그래프에 비해 정보의 양이 많기 때문에 전문가들은 표를 선호함
- 표 작성시 유의사항
  - ∘ 현상을 충분히 설명할 수 있어야 하고, 꼭 필요한 내용만을 간결하게 나타냄
  - ∘ 표 작성의 규칙은 명확해야 하고, 일관성이 있어야 함
  - ∘ 수치적 개념(변수)이 2개인 경우에 아주 적합하며, 개념(변수)이 3개 이상인 경우에는 표 작성이 복잡해짐

■ 독립성 검정

■ 검정 특징

- 독립성 검정의 가설
- 귀무가설: 두 변수는 서로 독립
- 대립가설: 두 변수는 관련이 있음
- 귀무가설이 사실이라면 관측 빈도와 기대 빈도가 비슷할 것으로 예측
- 대부분의 셀에서 관측 빈도와 기대 빈도에 차이가 있으면 대립가설 채택
- 차이의 정도를 판정하는 통계량이 카이제곱 통계량임
- p값이 유의수준보다 작으면 대립가설을 채택하고 p값이 유의수준보다 크면 귀무가설을 기각하지 못함
- 독립성 검정에서 카이제곱 통계량을 사용하기 위해서는 각 셀의 기대빈도가 적어도 1이상이어야 하고 기대 빈도가 5이하인 셀이 20%이하이어야 함
- 기대 빈도가 5이하인 셀이 많은 경우에는 두 개 범주를 묶어서 새로운 변수로 만든 다음에 독립성 검정을 함(만약 기대 빈도가 5 이하인 셀이 많은 경우에 카이제곱 통계량을 사용하면 잘못된 결론 도출)
- 표본수가 적어 기대 빈도가 5 이하인 셀이 많은 상태로 독립성 검정을 하고자 하는 경우에는 Fisher의 검정이나 Monte Carlo 방법에 의한 검정을 함

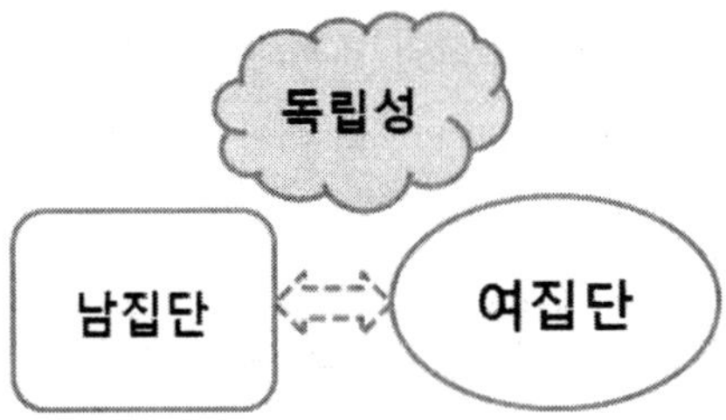

- 위의 그림처럼 남녀간 서로 내포, 포함, 중복 등의 부분이 없는 형태로 나누어지는 데이터로 구성된 경우에 주로 사용함(계절, 학년, 지역 등)

■ 사용 예

전국의 성인 남자 500명과 성인여자 500명을 무작위 추출하여 세계 경제 전망에 대해 질문하여 경기가 나아질 것이라는 답변과 그렇지 못할 것이라는 답변을 다음과 같이 얻었다. 유의수준 0.05에서 검정하시오.

	남	여
희망적	221	196
침 체	279	304

• 작성방법

① 엑셀에서 데이터를 변수명과 함께 입력

② 통계분석 메뉴 클릭

③ 범주형 자료분석 선택 후 분할표 선택

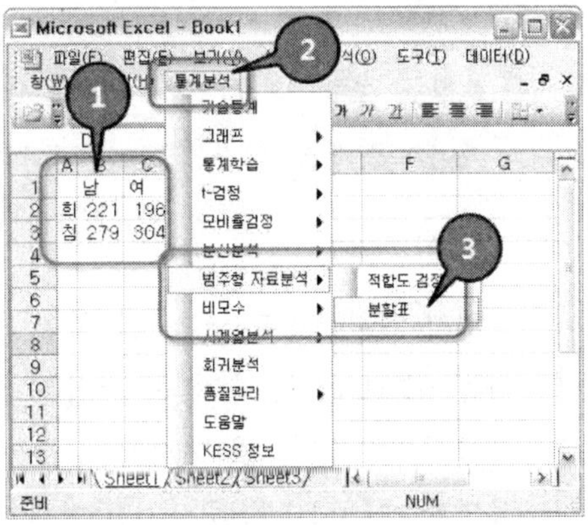

④ 셀별 출력 옵션을 그대로

⑤ 확인버튼 클릭

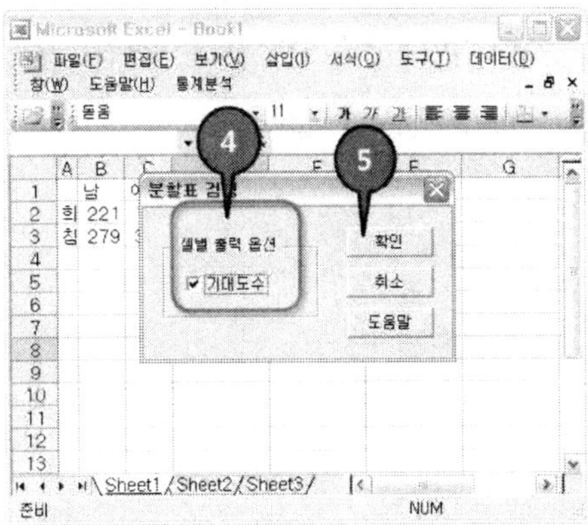

• 출력결과

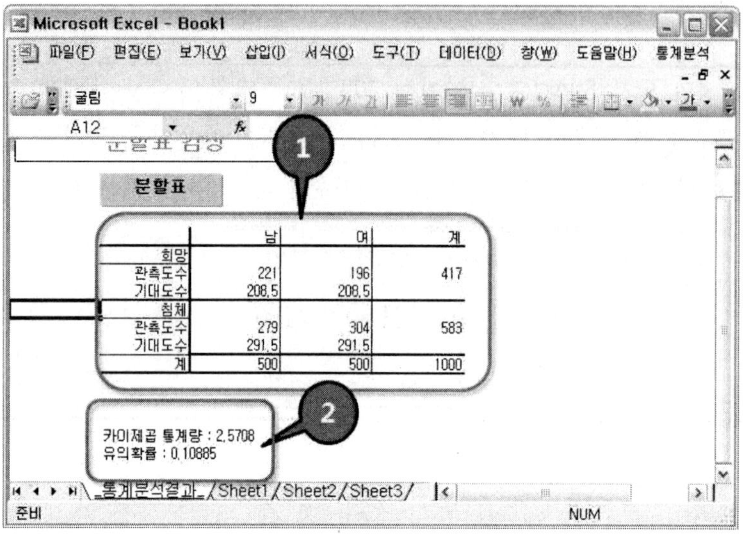

① 분할표 출력

② 카이제곱 통계량: 2.57.8, 유의확률: 0.10885

• 결과 해석

◦ 독립성 검정이므로 분할표를 확인

◦ 관측도수와 기대도수간 큰 편차는 없음

◦ 통계적으로 적합성을 판정하는 근거는 ②유의확률의 값으로 판정을 하게 됨

◦ 유의확률이 0.10885로서 0.05보다 큰 값이므로 유의수준 5%에서 귀무가설인 $\mu = \mu_0$ 를 기각할 수 없음. 즉, 남녀가 경기에 대한 다른 시각을 가지고 있다고 볼 수 없음

실습 11

문제 분할표 검정(1)

아래의 자료는 도시와 범죄발생 건수를 나타낸 것이다. 이를 통해 도시와 범죄 유형간에 상관성이 있는지를 확인하여 보시오.

1 통계량 구하기

1. 분할표 구하기
2. 카이제곱 통계량, 유의확률 구하기

2 결과값 해석하기

Data 자료의 입력

표 12. 도시에 따른 범죄건수

도시 \ 범죄	강도	절도	폭행
ALA	25	126	73
YNY	36	78	52
AWA	12	52	47

실습 11

분할표 검정(1)

결과

통계량	실습값	확인
분할표 작성		
x^2통계량		
유의확률		

특징, 결과 해석

해석

1 분할표에 따른 해석

2 카이제곱 검정에 따른 해석

3 기타 해석

실습 12

문제 분할표 검정(2)

당뇨병치료제가 심장마비를 유발하는지에 대하여 분할표를 작성하고 카이제곱 검정을 실시하시오.

1 통계량 구하기

1. 분할표 구하기
2. 카이제곱 통계량, 유의확률 구하기

2 결과값 해석하기

Data 자료의 입력

표 6-4 심장마비 발생 건수

심장마비	발생	미발생
돌부타미드	26	178
위약	10	195

실습 12

분할표 검정(2)

결과

통계량	실습값	확인
분할표 작성		
x^2통계량		
유의확률		

특징, 결과 해석

해석

1 분할표에 따른 해석

2 x^2 검정에 따른 해석

3 기타 해석

○ 학습한 내용

- 분할표(crosstab) 검정은 2개 이상의 항목으로 구성된 도표형식의 각 항목 사이의 독립성을 검정하거나, 동질성을 검정하는 경우 사용한다.
- 교차분할표에서 범주의 구분기준이 서로 다른 두 변수가 서로 독립적인지를 검정하는 것이 독립성 검정이고, 각 범주의 비율이 서로 같은지를 검정하는 것은 동질성 검정이다.
- 분할표 검정을 위한 통계적 검정방법은 카이제곱 검정을 이용하여 범주의 독립성과 동질성에 대한 검정을 실시할 수 있다.
- 통계적 검정결과 귀무가설이 기각되었다는 의미는 항목간 독립적이거나, 이질적인 경우 귀무가설이 기각된 결과를 나타낸다.

○ 익힘문제

- 분할표 검정에 사용하는 통계적 검정방법으로 무엇이 있는지 설명하시오.
- 2개 이상의 항목으로 구성된 도표형식으로 구해진 분할표에서의 각 항목간 독립성을 검정하여 그 결과가 유의확률이 0.05보다 적게 나타난 경우에 대한 결과를 해석하시오.
- 3개 이상의 항목으로 구성된 도표형식으로 구해진 분할표에서의 각 항목간 동질성을 검정하여 그 결과가 유의확률이 0.05보다 적게 나타난 경우에 대한 결과를 해석하시오.

Part IV

평균차 검정

비교를 이용한 분석에는 둘 이상의 집단을 대상으로 이들을 대표할 수 있는 대푯값들을 이용하여 차이를 살펴봄으로써 분석할 수 있는 통계적 분석방법이 평균차분석으로, 둘 이하의 집단을 대상으로 비교하고자하는 변수들의 평균을 이용한 차이를 확인함으로서 분석하는 방법이다. 하나의 표본 집단을 대상으로 평균차 검정을 실시하는 경우에는 기준값과 표본의 평균간 차이를 이용하여 분석하는 방법이고, 집단에 대한 평균 차이를 검정하는 경우에는 독립비교 평균차분석과 대응비교 평균차분석으로 나눌 수 있다.

대표적 평균차검정을 위한 통계적 분석 방법에는 t-검정을 이용한 분석도구를 사용할 수 있다.

■ 기본개념

□ 평균차 검정

■ 개념

◦ 집단간 평균차이 검정이므로 집단을 대표하는 평균값이 주요 통계량임

◦ 집단간 차이가 '있다', '없다'로 표현하는 대표적인 비교를 통한 분석 기법임

◦ 데이터집단들은 성별, 유무, 진위 등 결코 중복이나 포함이 될 수 없는 조건들의 데이터들로 구분되는 경우에 사용함

◦ 모집단의 분산(표준편차)을 알지 못할 때, 모집단의 표본으로부터 분산(표준편차)을 추정하여 분석하는 기법으로 사회과학연구에서 자주 사용되는 대표적인 분석기법

◦ 특별히 하나의 데이터 집단도 가능하며, 이 경우에는 반드시 기준이 되는 기준점을 제시하여야 함

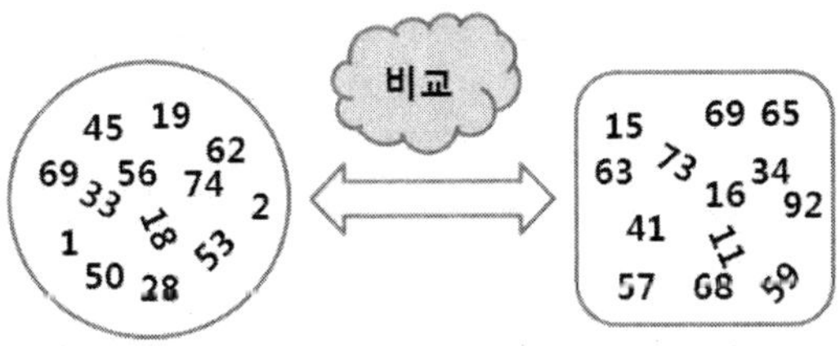

■ 기본 가정

◦ 검정변수에서 평균을 구할 수 있는 양적 변수 즉, 평균 계산이 가능한 등간 또는 비율척도가 되어야 하고, 등분산 가정이 충족되어야 함

◦ 모집단의 분산(표준편차)을 알지 못할 경우 사용

◦ t-검정은 모집단 분포에 대해서는 정규분포를 가정하고 있기 때문에 각 표본의 크기는 대략 30개 이상이어야 함(30 이상을 확보하여 정규분포를 할 것이라는 가정)

■ 유의사항

◦ 집단의 특성상 적합성이나 동질성보다 독립성에 큰 의미를 둠

◦ 모집단의 분산을 알고 있거나, 표본의 크기가 충분히 클 경우(표본이 커지면 중심극한정리에 의해 정규분포로 가정이 가능)에는 Z-검정을 사용
◦ t-검정은 모집단의 분산(표준편차)을 모르고 표본의 크기가 작을 때 사용함
◦ 대부분의 조사는 표본을 통한 조사이므로, 사실상 모집단의 분산을 알고 있는 경우가 거의 드물기 때문에 t-검정을 사용하게 됨

❑ 검정방법

◦ 평균차검정의 기본적인 개념은 두 평균을 대상으로 빼기(-) 연산을 하여 그 결과가 0에 가까우면 어느 한쪽이 더 크다고 판정하기 어려운 상태로 두 집단 사이에 차이가 없는 경우임
◦ 어느 한쪽으로 치우친 값으로 나타나면 두 집단 사이에 차이가 있는 경우로서, 결과가 양의 값이면 앞의 집단 평균이 더 크다고 판정하고, 음의 값이면 뒤 집단의 평균이 더 크다고 판정함

■ t-검정의 종류

▪ 단일표본 t-검정

- 하나의 모집단에서 추출된 하나의 표본만을 검정하는 통계기법
- 하나의 모집단의 특성상 기준이 되는 기준점이 존재함
- 기준점은 신뢰성 있는 기관에서 제시한 기준수치를 사용하는 경우가 많음

▪ 독립표본의 t-검정

- 독립된 두 집단간에 차이가 있는지 알아보기 위해 사용하는 방법
- 두 집단의 평균차가 유의미한지를 검정할 때 사용함
- 두 집단의 등분산에 대해서 확인하여야 함. 즉, 두 집단이 서로 다르기 때문에 실험자(연구자)에 의해 의도적으로 확연히 차이가 있는 집단에 대한 평균차 검정을 할 수 있기 때문임(가령, 실험의 결과를 두드러지게 하기 위해 두 집단을 초등학생집단과 대학생집단을 선정한 경우)

▪ 대응(쌍체, 쌍표본)표본의 t-검정

- 동일한 모집단으로부터 추출된 두 집단간 차이를 알아보기 위해 사용
- 동일표본에서 측정된 두 변수값의 평균 차이를 검정하기 위해서 사용
- 대응표본 t-검정에서는 동일한 집단에 대한 사전실험, 사후실험 형식의 데이터를 수집한 것과 같으므로 기본적으로는 등분산임
- 대응비교의 경우 동일한 하나의 집단에 시간적인 차이를 두어 데이터를 수집한 경우로서, 주로 개인을 대상으로 어떠한 처치나 실험의 효과를 분석하는 경우에 사용하는 분석방법이며, 이를 위해 반드시 사전검사와 사후검사의 데이터가 동일한 사람(개체)이어야 함

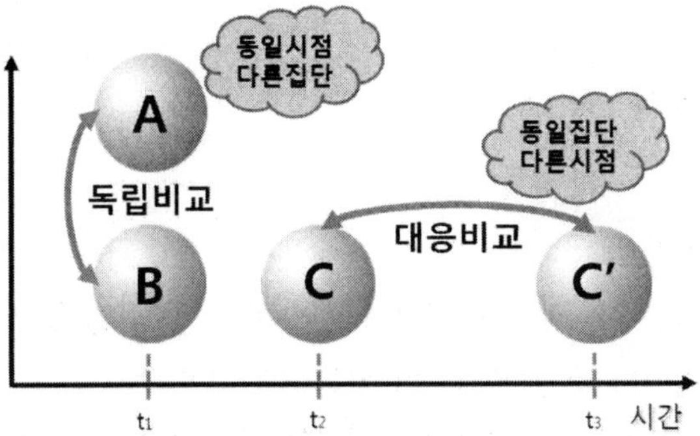

◦ 위의 그림에서 독립비교의 경우 A집단과 B집단은 반드시 등분산에 대한 고려가 있어야 하며, 통계 처리된 결과 값에도 등분산인 경우와 이분산인 경우의 값을 모두 출력해 주며, 실험자는 등분산인 경우와 이분산인 경우 통계값에 차이가 있음

• 실험의 타당성확보를 위해 독립비교와 대응비교를 혼합하기도 함

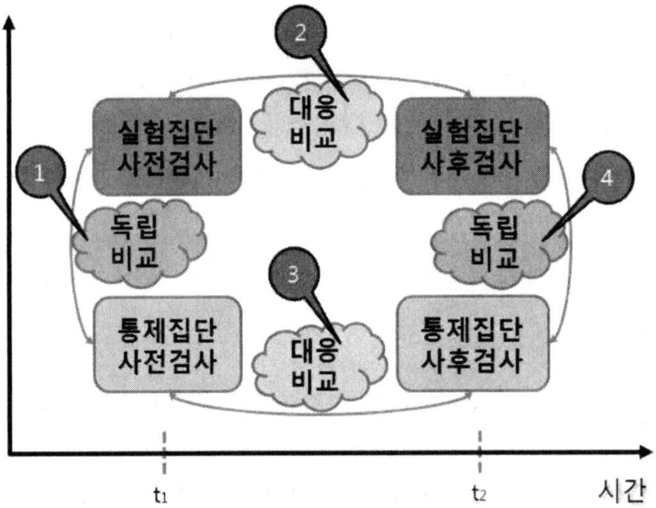

⑭ 독립비교: 시로 동일한 조건으로 차이가 없다는 것을 검정

⑮ 대응비교: 실험(처치)에 대한 효과 증명을 위해 차이가 있어야—

⑯ 대응비교: 실험(처치)이 없는 경우에는 차이가 없어야—

⑰ 독립비교: 실험집단과 통제집단간 차이가 있어야 실험이 성공한 것임

O 학습한 내용

- 평균차분석은 둘 이하의 집단을 대상으로 비교하고자 하는 변수들의 평균을 이용한 차이를 이용하여 분석하는 방법이다.
- 하나의 표본 집단을 대상으로 평균차 검정을 실시하는 경우에는 기준값과 표본의 평균간 차이를 이용하여 분석하는 방법이다.
- 두 집단에 대한 평균 차이를 검정하는 경우에는 독립비교 평균차분석과 대응비교 평균차분석이 있다.
- 평균차검정을 위한 통계적 분석 방법으로 t-검정을 이용한다.

O 익힘문제

- 평균차분석에서 비교대상이 되는 주요 통계량은 무엇인가?
- 평균차분석을 위해 사용하는 통계분석 도구는 무엇인가?
- 서로 다른 두 집단의 평균간 차이를 확인하기 위한 통계적 검정방법은 무엇인가?
- 한 집단을 대상으로 일정한 시간적 차이를 두고 조사하여 이들 간의 차이를 확인하기 위한 통계적 검정방법은 무엇인가?

11

단일표본 t-검정

t-검정은 집단간 차이가 '있다', '없다'로 표현하는 대표적인 비교 분석 기법으로서, 평균차를 이용한 검정이므로 집단을 대표하는 평균값이 주요 통계량이 된다. 특히 하나의 데이터 집단을 이용하여 분석도 가능하며, 이 경우에는 반드시 기준이 되는 기준점을 제시하여야 한다.

단일표본 t-검정을 위해 검정할 양적 변수가 평균을 구할 수 있는 등간 또는 비율척도가 되어야 하고, 표본의 정규성 및 등분산 가정이 충족시킬 수 있도록 대략 30 사례 이상을 확보하여야 하며, 표본의 평균과 비교할 기준값도 제시되어야 한다.

단일표본 평균차검정의 기본적인 개념은 표본 평균과 기준값과의 빼기(−) 연산을 통해 판정하게 된다. 처리 결과가 0이면 둘 간 차이가 없는 경우이고, 결과가 양의 값이면 앞의 표본 평균이 더 크다고 판정하고, 음의 값이면 기준값이 더 크다고 판정한다.

■ 단일표본 t-검정

■ 사용 목적

- 모집단의 분산을 알지 못할 때, 전문가에 의해 설정된 기준점과 모집단에서 추출한 표본의 평균간의 차이를 비교하는 방법
- 모집단의 분산을 알지 못하므로 표본을 통한 t-검정을 실시함
- 모집단의 분산을 아는 경우에는 Z-검정을 실시함
- 기준점은 모집단의 평균을 사용할 수도 있으므로, 모집단의 평균과 모집단으로부터 추출된 표본의 평균간의 차이를 분석할 때 사용할 수 있음

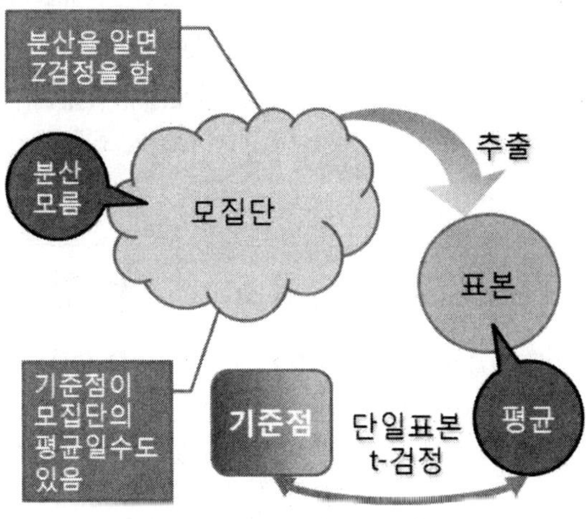

■ 기본공식

- 연구자가 알고 있는 기준값과 표본에서 추출한 평균값의 차이를 비교
- 기준값과 표본으로부터 계산한 평균값의 차이가 크면 두 값은 같을 것이라는 가정이 기각됨(즉 기준값과 평균값은 같지 않다 ≒ 다르다)
- 모집단의 표준편차(σ)를 모를 때 모평균(μ)에 관한 표본을 통한 추론은

$$T=\frac{\overline{X}-\mu}{\frac{S}{\sqrt{n}}}$$

$\overline{X}$: 표본평균, μ: 모집단의 평균,
S : 표본의 표준편차, n: 표본크기

■ **설명**

> 예: 시내 A중학교 2학년 1반 학생 37명의 수학 평균성적이 전국의 중학교 2학년 학생들의 수학 평균성적 74점과 차이가 있는가?

- 표본으로부터 도출할 수 있는 통계량: 평균, 표준편차, 개수
- 모집단으로부터 도출 가능한 모수 : 모평균
- 구해진 T통계량을 이용하여 유의확률값(p-값)을 구함
- 최종 판정은 T통계량이 아닌 p-값으로 판정함
- p-값은 귀무가설을 기각할 수 있는 최소의 유의수준임
  즉, p-값이 작을수록 대립가설이 참이라는 확실한 근거가 있다는 의미임
- 통계에서는 p-값으로 0.05, 0.01, 0.001의 숫자를 기준으로, p-값이 0.05라는 의미는 0.95(1-0.05), 즉 95% 대립가설이 참이라는 근거를 지지함
- p-값이 0.05이하인 경우에는 통계량에 별표(asterisk)를 1개(*), 0.01 이하인 경우에는 별표를 2개(**), 0.001이하인 경우에는 별표를 3개(***) 붙임

T-통계량	자유도	p-값
2.9451	49	0.005

> 이 값이 0.01보다 작으므로 결과값을 기재할 경우에는 통계량 2.9451에 별표를 2개 붙임(2.9451**)

■ **사용 예**

노인 일자리창출 사업으로 생산한 참기름 용량이 500g으로 표시되어 있다. 이를 검사하기 위해 시중에서 자활기업에서 생산한 10개의 참기름을 수거하여 조사한 결과 다음의 자료를 얻었다. 참기름의 용량이 올바르게 표시되어 있는지 유의수준 5%에서 검정해 보시오.

486	495	505	501	502	493	498	485	488	497

• 작성방법

① 엑셀에서 데이터를 변수명과 함께 입력

② 통계분석 메뉴 클릭

③ t-검정 선택 후 일표본 검정 선택

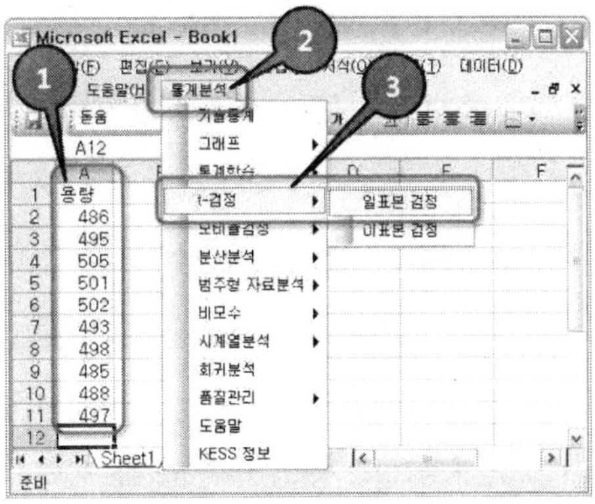

④ 선택변수 항목에서 변수명인 용량을 클릭

⑤ 분석변수로 옮기기 위해 ⊡버튼 클릭

⑥ 검정값에 기준점인 500을 입력함

⑦ 대립가설 중 $\mu \neq \mu_0$ 선택

⑧ 확인버튼 클릭

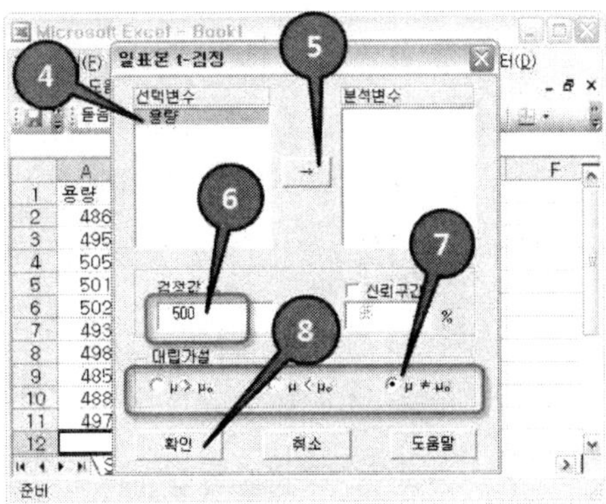

• 출력결과

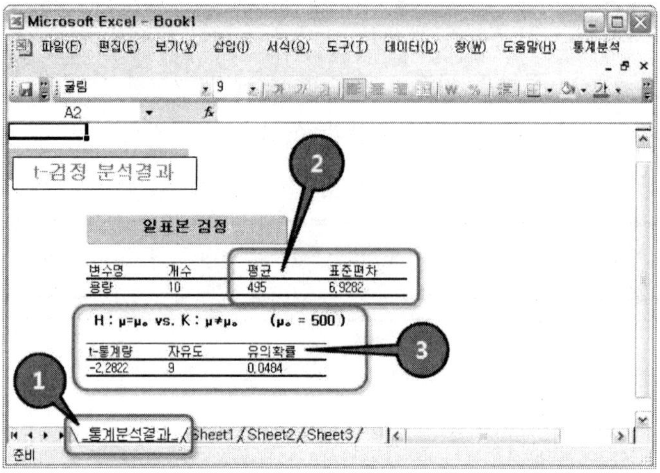

① 출력결과 탭이 새로이 생성 ② 평균: 495, 표준편차: 6.9282

③ t-통계량: -2.2822, 유의확률: 0.0484

• 결과 해석

◦ 평균차 검정이므로 평균과 표준편차가 중요한 지표가 됨

◦ ②에서 평균이 495이므로 정량인 500g에 모자람

◦ 통계적으로 495g이 500g과 차이가 있다고 판정하는 근거는 ③유의확률의 값으로 판정을 하게 됨(가장 중요한 지표)

◦ 유의확률이 0.0484로서 0.05보다 작은 값이므로 귀무가설인 $\mu = \mu_0$ 가 기각되고 $\mu \neq \mu_0$ 가 채택된다. 즉, 평균값이 500과 차이가 있다는 의미임

◦ 결과를 종합해 볼 때 제품의 생산된 평균 정량이 495g으로 실제의 정량보다 5g 모자란다는 것을 통계적으로 입증한 것임

※ 다음에 실습할 신뢰구간을 설정하면 이 제품의 평균 정량의 95% 구간을 구할 수 있음 : 500g은 95% 신뢰구간범위를 벗어나 있음

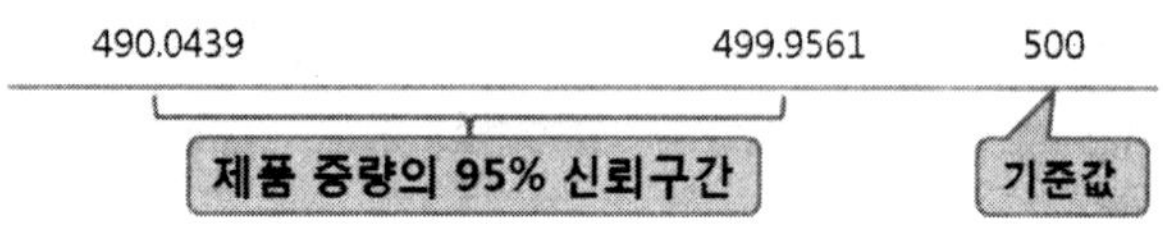

실습 13

문제 　단일표본 t-검정

A 초등학교 분교 3학년 학생들의 국어성적에 대한 학습 성취도와 관련하여 B기관에서 조사한 전국 평균값 81점과 관련하여 차이가 있는지에 대해 검정해 보시오.

■ 기술통계량 구하기

1. 평균, 개수, 표준편차 구하기
2. 일표본 t-검정값 구하기

■ 결과값 해석하기

Data 　자료의 입력

표 13. A분교 학생의 국어 과목의 성적

75	72	85	42	73
77	59	86	81	78
86	78	82	83	95
77	82	93	85	80

실습 13

단일표본 t-검정 결과

통계량	실습값	확인
개수		
평균		
표준편차		
기준값		
t-통계량		
자유도		
유의확률		

특징, 결과 해석 해석

1 기술통계량에 따른 해석

2 검정에 따른 해석

3 기타 해석

O 학습한 내용

- 단일표본 t-검정은 표본 평균과 제시된 기준값과의 차이를 이용한 검정 방법으로, 평균을 구할 수 있는 등간 또는 비율척도로 구성되어야 한다.
- 표본의 정규성 및 등분산 가정이 충족시킬 수 있도록 대략 30 사례 이상을 확보하여야 한다.
- 검정을 위해 표본의 평균과 비교할 기준값도 제시되어야 한다.
- 검정 결과가 0이면 둘 간 차이가 없는 경우이고, 결과가 양의 값이면 앞의 표본 평균이 더 크다고 판정하고, 음의 값이면 기준값이 더 크다고 판정한다.

O 익힘문제

- 단일표본 t-검정을 실시하기 위해서 기준값이 반드시 제시되어야 하는 이유는 무엇인가?
- 단일표본 t-검정 결과 유의확률이 0.05 이하로 나타난 경우에 대해 귀무가설을 어떻게 판정해야 하는지 설명하시오.
- t-검정 결과 t값이 양인 경우, 0인 경우, 음인 경우에 대해 표본평균과 기준값의 관계를 설명하시오.

12

독립표본 t-검정

독립표본 t-검정은 두 모집단이 정규모집단을 따르고 두 집단이 서로 독립적이며 분산이 동일하다는 가정 하에 두 모집단의 모 평균간 차이에 대한 검정을 추출된 표본들을 통해 검정하는 기법이다. 이는 모집단의 분산을 모르는 경우에 이들로부터 추출한 표본을 통해 모집단을 추정하는데 사용한다.

독립표본 t-검정은 보통 성별간 평균차, 처리군과 대조군과의 평균차 등의 두 집단으로 나누어진 집단을 대상으로 그들의 평균이 서로 차이가 있는지 검증 등에 주로 사용하는 것으로, 독립적인 두 집단의 분산이 서로 등분산인지 아니면 이분산인지에 대한 문제가 있기 때문에, 집단의 등분산성을 고려하여 판정하게 된다.

검정결과 값의 해석은, 두 모분산의 표본에서 추출한 평균값의 차이를 비교하여, 차이가 크면 두 집단이 동일하다는 가정이 기각되어 차이가 있다고 판정한다.

■ 독립표본 t-검정(2집단)

■ 사용 목적

- 두 모집단이 정규모집단을 따르며, 서로 독립, 공통분산을 갖는다는 가정 하에 두 모집단의 모평균간의 차에 대한 검정
- 모집단의 분산을 모르는 경우에 이들로부터 추출한 표본을 통해 모집단을 추정하며, 모집단의 분산을 아는 경우에는 Z-검정을 실시함
- 성별간 평균차, 처리군과 대조군과의 평균차 등 두 집단간 차이검정시 사용
- 집단이 서로 다르기 때문에 서로 분산이 동일한가에 대한 등분산성의 문제를 가지고 있음

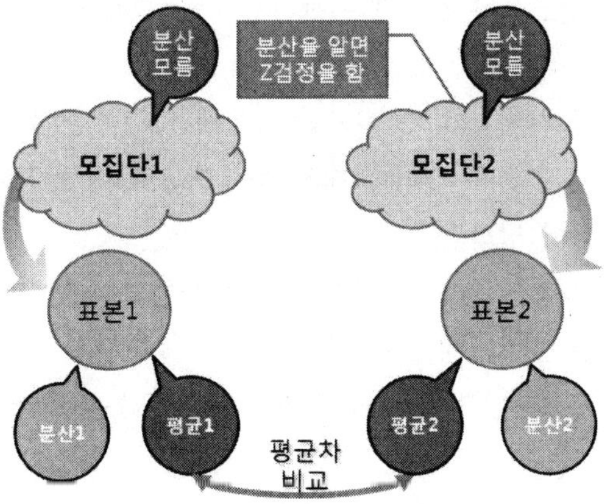

■ 기본공식

- 두 모분산의 표본에서 추출한 평균값의 차이를 비교
- 표본으로부터 계산한 두 표본평균값의 차이가 크면 두 집단이 동일하다는 가정이 기각됨(즉 두 집단의 평균값은 같지 않다 ≒ 다르다)
- 등분산 : $T=\dfrac{(\overline{X}-\overline{Y})}{S_p\sqrt{\dfrac{1}{n_1}+\dfrac{1}{n_2}}}$ 이분산 : $T=\dfrac{(\overline{X}-\overline{Y})-(\mu_1-\mu_2)}{\sqrt{\dfrac{S_1^2}{n_1}+\dfrac{S_2^2}{n_2}}}$

■ 설명

예: 연말 자선냄비에 기부하는 기부 금액 및 기부 횟수는 성별에 따라 차이가 있는가?

- 표본으로부터 도출할 수 있는 기초 통계량 : 성별, 평균, 표준편차
- 구해진 T통계량을 이용하여 유의확률값(p-값)을 구함
- 최종 판정은 T통계량이 아닌 p-값으로 판정함
- p-값은 귀무가설을 기각할 수 있는 최소의 유의수준임
  즉, p-값이 작을수록 대립가설이 참이라는 확실한 근거가 있다는 의미임
- 통계에서는 p-값으로 0.05, 0.01, 0.001의 숫자를 기준으로, p-값이 0.05라는 의미는 0.95(1-0.05), 즉 95% 대립가설이 참이라는 근거를 지지함
- 결과 해석은 일표본의 경우와 마찬가지로 p-값과 같은 방법임. 즉, p-값이 0.05이하인 경우에는 통계량에 별표(asterisk)를 1개(*), 0.01 이하인 경우에는 별표를 2개(**), 0.001이하인 경우에는 별표를 3개(***) 붙임
- 독립표본 t-검정은 두 집단에 대해 등분산성에 대한 검사가 필요하며 이에 따라 계산공식이 달라짐
- 집단이 서로 독립인 집단에 대한 검사를 수행하는 특성으로 인해 등분산과 이분산에 대한 고려가 반드시 필요함
- 출력결과는 등분산인 경우와 이분산인 경우를 동시에 제시하여 줌

분산	t-통계량	자유도	p-값
등분산	0.1583	49	0.7990
이분산	0.1395	45.8266	0.7892

등분산과 이분산중 해당되는 쪽의 결과값을 기재하며 p-값이 0.05보다 작은 경우에는 정도에 따라 별표 (*)를 붙임

■ **사용 예**

A, B 복지관에 월별 자원봉사자 인원에 대해 차이가 있는지에 대하여 유의수준 5%에서 검정해 보시오.

월별	1	2	3	4	5	6	7	8	9	10	11	12
A	12	11	10	9	10	11	12	15	9	8	8	10
B	11	9	8	8	11	8	12	14	8	8	6	10

• 작성방법

① 엑셀에서 데이터를 변수명과 함께 입력

② 통계분석 메뉴 클릭

③ t-검정 선택 후 이표본 검정 선택

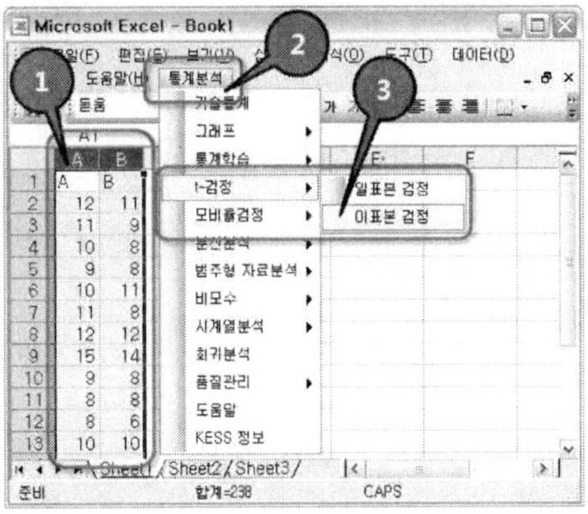

④ 선택변수 항목에서 변수명인 A와 B를 클릭

⑤ 분석변수로 옮기기 위해 →버튼 클릭

⑥ 대립가설 중 $\mu_1 \neq \mu_2$ 선택

⑦ 검정방법에서 독립비교를 선택

⑧ 신뢰구간의 체크항목을 클릭

⑨ 확인버튼 클릭

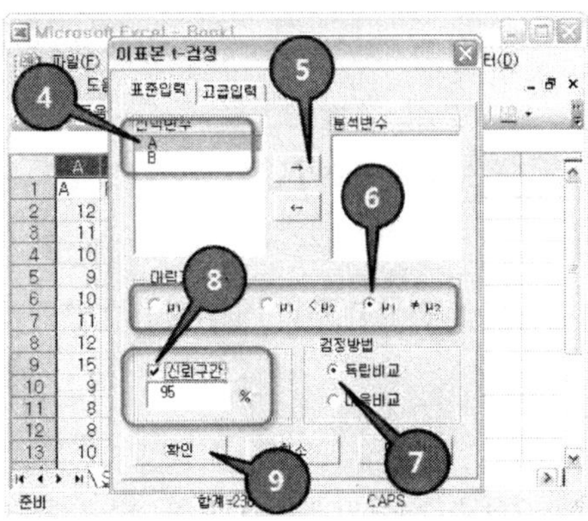

• 출력결과

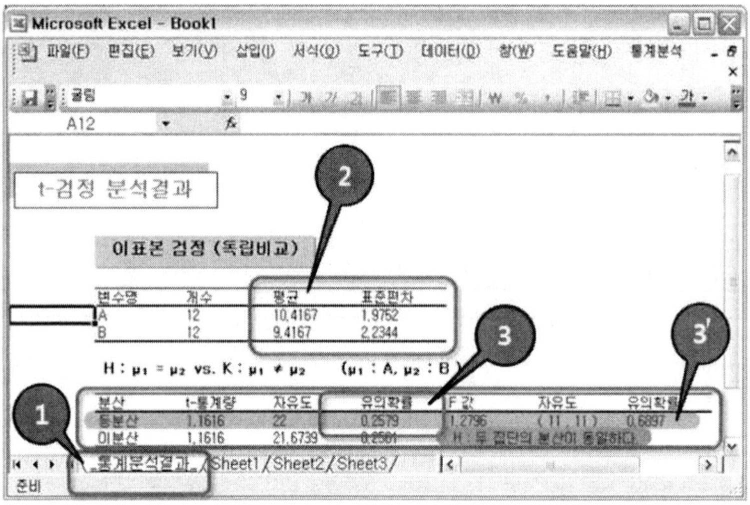

① 출력결과 탭이 새로이 생성 ② A평균: 10.4167, B평균: 9.4167
③ t−통계량: 1.1616, 유의확률: 0.2579

• 결과 해석

◦ 평균차 검정이므로 평균과 표준편차가 중요한 지표가 됨
◦ ②에서 두 평균값, 표준편차가 서로 비슷함
◦ 통계적으로 A기관과 B기관의 차이를 판정하는 근거는 ③유의확률의 값으로 판정을 하게 됨
◦ ③'의 0.6897은 두 집단이 등분산인지 이분산인지 판정함. 분산에 차이가 있다고 할 수 없으므로 등분산자료를 이용해야 함
◦ 유의확률이 0.2579로서 0.05보다 큰 값이므로 유의수준 5%에서 귀무가설인 $\mu = \mu_0$ 를 기각하지 못함. 즉, 두 기관간 평균차가 있다고 할 수 없음
◦ 평균차에 대한 95%신뢰구간은 (−0.7854, 2.7854)

※ 데이터자료를 기준으로 해석하자면 A기관에 비해 B기관은 특정 달에 집중되는 경향이 나타나므로 방학기간(1, 8, 12월)과 관련성이 있는지 추가적인 검토가 필요함

실습 14

문제 독립표본 t-검정

A 보육원에 기부하는 기부자에 대한 1회 평균 기부금액에 대하여 남녀간 차이가 있는지 검정해 보시오.

1 기술통계량 구하기

1. 평균, 개수, 표준편차 구하기
2. 등분산, 이분산 판정값 구하기
3. t-통계량, 자유도, 유의확률 구하기

2 결과값 해석하기

Data 자료의 입력

표 14. A보육원 기부자의 1회 평균 기부액

(단위: 천원)

성별	1	2	3	4	5	6	7	8	9	10
남	50	30	30	50	50	50	50	30	30	50
여	30	30	25	30	30	25	30	50	30	30

실습 14

독립표본 t-검정 결과

통계량	실습값	확인
개수1, 2		
평균1, 2		
표준편차1, 2		
분산판정값(F)		
t-통계량		
자유도		
유의확률		

특징, 결과 해석 해석

1 기술통계량에 따른 해석

2 검정에 따른 해석

3 기타 해석

○ 학습한 내용

- 독립표본 t-검정은 두 모집단이 정규모집단을 따르고 두 집단이 서로 독립적이며 분산이 동일하다는 가정 하에 두 모집단의 모평균간 차이에 대한 검정을 추출된 표본들을 통해 검정하는 기법이다.
- 독립표본 t-검정은 독립적인 두 집단의 분산이 서로 등분산인지 아니면 이분산인지에 대한 문제가 있기 때문에 등분산성을 고려하여 판정한다.
- 검정결과 값의 해석은, 두 모분산의 표본에서 추출한 평균값의 차이를 비교하여, 차이가 크면 두 집단이 동일하다는 귀무가설이 기각되어 두 집단간 차이가 있다고 판정한다.

○ 익힘문제

- 독립표본 t-검정에서 등분산성이 중요한 이유에 대해 설명하시오.
- 독립표본 t-검정 결과 유의 확률이 0.05 이하인 경우 귀무가설에 대한 판정을 어떻게 내려야 하는지 설명하시오.
- 독립표본 t-검정 결과 t값이 양인 경우, 0인 경우, 음인 경우에 대해 두 집단 간의 관계를 설명하시오.

13

대응표본 t-검정

대응표본 t-검정은 종속변수가 양적변수이고 두 집단이 독립적이지 못한 경우에 사용한다. 이 검정은 대부분 하나의 연구대상을 시차를 두고 검사를 두 번 실시하여 얻은 자료로, 대개 한 쌍의 자료들을 이용하여 비교하는 방법이다. 주로 사전검사와 사후검사의 검정에 사용하여 분석하고자 할 때 사용한다. 만약 동일한 집단에서 각각 2회 이상의 데이터를 얻을 수 없는 경우에는 유사한 개체끼리 묶어서 동일 개체화하는 경우도 있으나 등분산을 훼손할 가능성이 있다.

검정결과 값의 해석은, 하나의 표본에서 얻어진 전·후의 평균 간 차이를 비교하여, 차이가 크면 두 집단이 동일하다는 가정이 기각되어 차이가 있다고 판정한다.

■ 대응표본 t-검정(2집단)

■ 사용 목적

- 종속변수가 양적변수이고 두 집단이 독립적이지 못한 경우에 사용
- 동일한 연구대상에게 시차를 두고 검사를 두 번 실시하여 얻은 자료이기 때문에 서로 독립적이지 않고, 한 쌍으로 주어진 자료를 이용하여 두 모평균을 비교하는 방법
- 사전검사와 사후검사의 검정에 사용하며 어떤 처리의 효과를 분석하고자 할 때 사용함
- 동일한 집단에서 2번 이상의 데이터를 얻을 수 없는 경우에는 유사한 개체끼리 묶어서 동일 개체화하는 경우도 있음

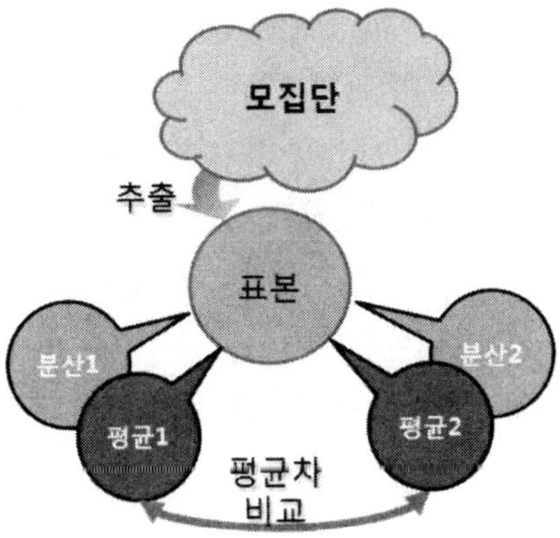

■ 기본공식

- 두 표본에서 추출한 두 점수의 차이를 비교
- 두 점수의 차이를 하나의 점수로 환산하여 차이가 있는지를 검정
- 차이가 크면 두 처치효과가 동일하다는 가정이 기각됨(처치효과 있음)
- $T = \dfrac{(\overline{X_1} - \overline{X_2})}{\dfrac{S_1 - S_2}{\sqrt{n}}}$ $\overline{X_1}, \overline{X_2}$: 사전, 사후의 평균
  S_1, S_2: 사전, 사후의 표준편차

■ 설명

> 예: A복지시설 종업원의 직무교육이 업무능력에 효과가 있는지 알아보기 위해 직무교육 전과 후의 업무능력점수에 차이가 있는가?

- 표본으로부터 도출할 수 있는 통계량 : 직무교육전과 후의 평균, 표준편차
- 구해진 T통계량을 이용하여 유의확률값(p-값)을 구함
- 최종 판정은 T통계량이 아닌 p-값으로 판정함
- p-값은 귀무가설을 기각할 수 있는 최소의 유의수준임
  즉, p-값이 작을수록 대립가설이 참이라는 확실한 근거가 있다는 의미임
- 통계에서는 p-값으로 0.05, 0.01, 0.001의 숫자를 기준으로, p-값이 0.05라는 의미는 0.95(1-0.05), 즉 95% 대립가설이 참이라는 근거를 지지함
- p-값이 0.05이하인 경우에는 통계량에 별표(asterisk)를 1개(*), 0.01 이하인 경우에는 별표를 2개(**), 0.001이하인 경우에는 별표를 3개(***) 붙임
- 대응표본 t-검정은 두 집단이 등분산이므로 이분산에 대한 고려는 할 필요가 없음(동일 집단에 대해 시간적 차이를 두고 사전검사와 사후검사를 실시하였으므로 등분산이라고 가정함)
- 사전검사와 사후검사 사이에 동일집단에 대한 검사이므로 검사과정에서의 학습효과에 대한 우려가 있음
- 학습효과를 고려하여 솔로몬의 4집단 설계를 통해 보완이 가능함

T-통계량	자유도	p-값
-2.943	149	0.004

이 값이 0.01보다 작으므로 결과값을 기재할 경우에는 통계량 2.9451에 별표를 2개 붙임(2.9451**)

■ **사용 예**

청소년 흡연에 대해 금연비디오 시청이 흡연에 대한 태도에 영향을 미치는지에 대해 10명을 임의 추출하여 흡연태도를 측정한 후, 금연 비디오를 시청한 후 흡연태도가 시청전과 차이가 있는지 확인하시오.

No	1	2	3	4	5	6	7	8	9	10
사전검사	10	11	11	15	16	17	20	20	20	25
사후검사	10	10	11	14	10	10	15	16	19	20

• 작성방법

① 엑셀에서 데이터를 변수명과 함께 입력

② 통계분석 메뉴 클릭

③ t-검정 선택 후 이표본 검정 선택

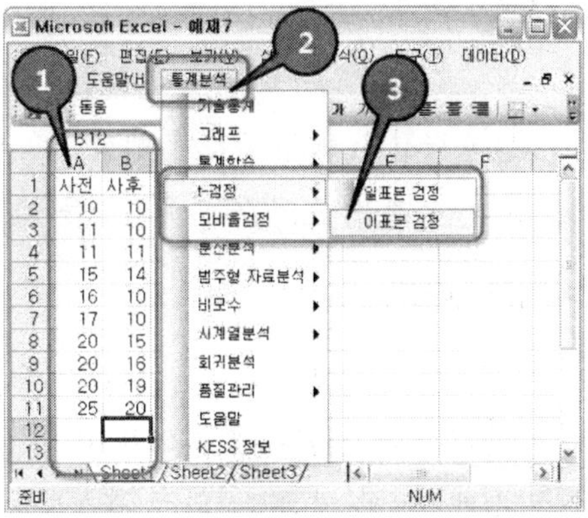

④ 선택변수 항목에서 변수명인 A와 B를 클릭

⑤ 분석변수로 옮기기 위해 →버튼 클릭

⑥ 대립가설 중 $\mu_1 \neq \mu_2$ 선택

⑦ 검정방법에서 독립비교를 선택

⑧ 신뢰구간의 체크항목을 클릭

⑨ 확인버튼 클릭

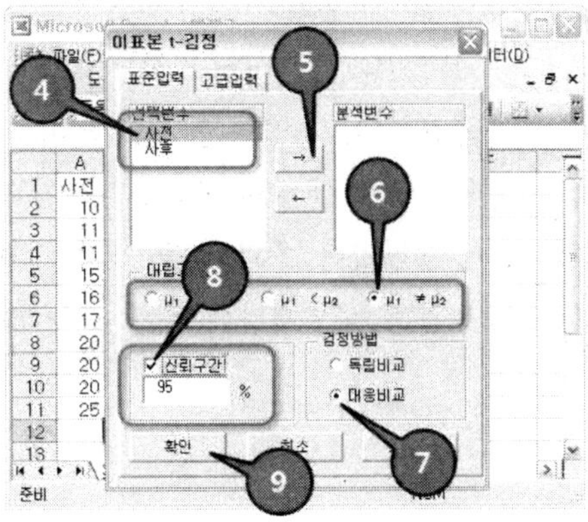

• 출력결과

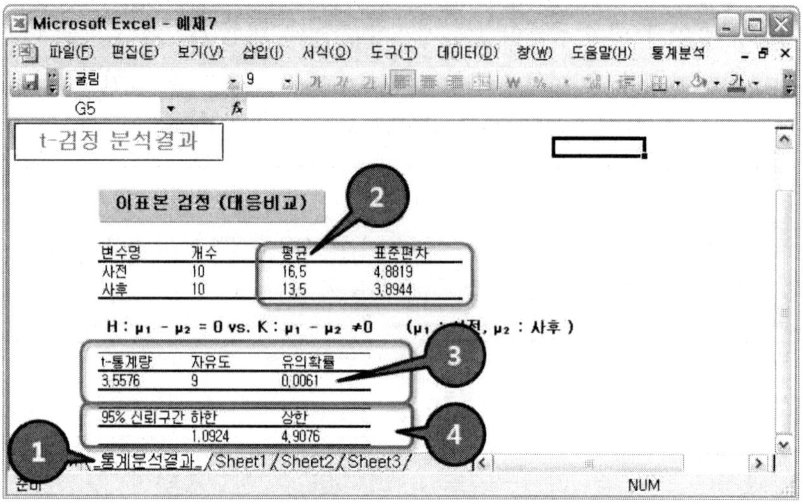

① 출력결과 탭이 새로이 생성 ② 사전평균: 16.5, 사후평균: 13.5

③ t-통계량: 3.5576, 유의확률: 0.0061

• 결과 해석

◦ 평균차 검정이므로 평균과 표준편차가 중요한 지표가 됨

◦ ②에서 두 평균값에 차이가 보임

◦ 통계적으로 사전검사와 사후검사간 차이를 판정하는 근거는 ③유의확률 값으로 판정을 하게 됨

◦ 유의확률이 0.0061로서 0.05보다 작은 값이므로 유의수준 5%에서 귀무가설인 $\mu = \mu_0$ 가 기각되고 $\mu \neq \mu_0$ 가 채택된다. 즉, 사전검사와 사후검사간에 평균간 차이가 있다는 것을 의미함

◦ 평균차에 대한 95%신뢰구간은 ④ (1.0924, 4.9076)임

◦ t-통계량값이 음의 값을 가지는 경우는 앞의 평균보다 뒤의 평균이 더 큰 경우에는 t-통계량이 음의 값을 가지게 됨

실습 15

문제 대응표본 t-검정

A 노인요양병원의 요양보호사에 대한 직무교육의 효과 유무를 확인하기 위해 10명을 대상으로 사전검사를 실시한 후 직무교육을 실시한 다음 사후검사한 결과를 비교하여 효과성을 검정하고 해석하기

■1 기술통계량 구하기

1. 개수, 평균, 표준편차 구하기
2. t-통계량, 자유도, 유의확률 구하기

■2 결과값 해석하기

Data 자료의 입력

표 15. A노인요양병원 요양보호사의 직무교육 효과

No	1	2	3	4	5	6	7	8	9	10
전	4	3	4	5	4	5	4	3	4	5
후	6	5	6	5	6	6	5	5	6	5

실습 15

대응표본 t-검정

결과

통계량	실습값	확인
개수1, 2		
평균1, 2		
표준편차1, 2		
t-통계량		
자유도		
유의확률		

특징, 결과 해석

해석

1 기술통계량에 따른 해석

2 검정에 따른 해석

3 기타 해석

○ 학습한 내용

- 대응표본 t-검정은 종속변수가 양적변수이고 두 집단이 독립적이지 못한 경우에 사용한다.
- 이 검정은 대부분 하나의 연구대상을 시차를 두고 검사를 두 번 실시하여 얻은 자료로, 대개 한 쌍의 자료들을 이용하여 비교하는 방법이다.
- 주로 사전검사와 사후검사의 검정에 사용하여 분석하고자 할 때 사용하지만 부득이하게 동일한 집단으로부터 2회 이상의 데이터를 얻을 수 없는 경우에는 유사한 개체끼리 묶어서 사용하기도 한다.
- 검정결과 하나의 표본에서 얻어진 전·후의 평균 간 차이를 비교하여, 차이가 크면 두 집단이 동일하다는 가정이 기각되어 차이가 있다고 판정한다.

○ 익힘문제

- 대응표본 t-검정에서 등분산에 대한 가정을 고려하지 않는 이유에 대해 설명하시오.
- 대응표본 t-검정 결과 유의 확률이 0.05 이하인 경우 귀무가설에 대한 판정을 어떻게 내려야 하는지 설명하시오.
- 대응표본 t-검정 결과 t값이 양인 경우, 0인 경우, 음인 경우에 대해 두 집단 간의 관계를 설명하시오.

14

모비율 Z-검정

앞서 t-검정은 모집단에 대한 정보가 거의 없는 경우 표본을 대상으로 모집단을 추정하는 경우에 사용하는 평균차검정인 반면, Z-검정은 모집단의 분산을 알고 있는 경우에 모집단으로부터 추출한 표본 평균간의 차이를 비교하는 방법이다. 또한 표본의 크기가 충분히 클 경우 모집단의 분산을 표본의 분산으로 대치 가능하며, 모집단에 대한 모평균분석은 단일표본 모평균과 기준점과의 차이를 검정하는 방법과, 2표본에서의 모평균 간의 차이를 검정하는 방법이 있다.

하지만 실제 우리가 조사할 모집단에 대한 모수를 거의 알 수 없는 경우가 많으므로 Z-검정을 사용하는 경우가 그리 많지 않은 실정이다.

■ Z-검정

■ 사용 목적

- 모집단의 분산을 알고 있는 경우, 모집단으로부터 추출한 표본 평균간의 차이를 비교하는 방법
- 표본의 크기가 충분히 클 경우 모집단의 분산을 표본의 분산으로 대치 가능
- 모집단에 대한 모평균분석은 앞서 t-검정에서와 같이 단일표본 모평균 검정과 2표본 모평균분석이 있음
- 그러나 실제 모집단의 분산을 알고 있는 경우가 거의 없으므로 대부분 t-검정을 하게 됨

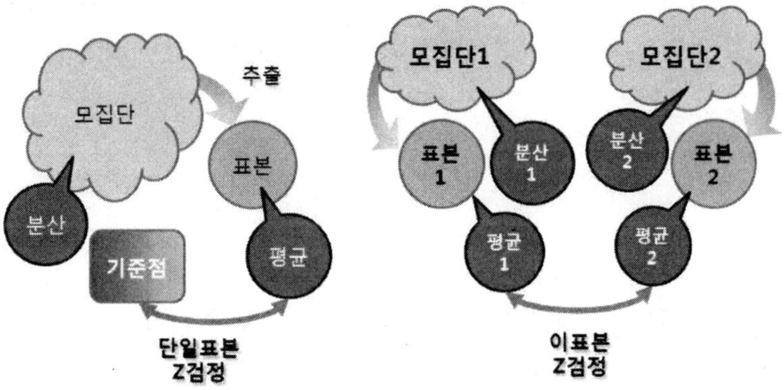

■ 기본공식

- 단일집단: $T = \dfrac{\overline{X} - \mu_0}{\dfrac{\sigma}{\sqrt{n}}}$ $\overline{X}$: 표본평균, μ_0 : 모집단의 평균, σ : 모집단의 표준편차, n : 표본크기

- 2집단: $T = \dfrac{(\overline{X_1} - \overline{X_2}) - (\mu_1 - \mu_2)}{\sqrt{\dfrac{\sigma_1^2}{n_1} + \dfrac{\sigma_2^2}{n_2}}}$

■ 사용 설명

▪ 단일집단

우리나라 (전문)대졸자의 초임을 수년간 조사한 결과 평균120만원, 표준편차 20인 정규분포를 하였다. 올해 졸업생 50명을 대상으로 평균을 조사한 결과 123만원으로 나타났다. 이 경우 기준인 120만원과 차이가 있는지 유의수준 5%에서 검정하시오.

◦ ($Z = \dfrac{\overline{X} - \mu}{\dfrac{\sigma}{\sqrt{n}}} = \dfrac{123 - 120}{\dfrac{20}{\sqrt{50}}} = 1.06$)이 ($Z_{\frac{\alpha}{2}} = 1.96$)보다 작기 때문에 귀무가설을 기각할 수 없다. 즉 (전문)대졸자의 초임은 120만원이라고 볼 수 있음

▪ 2집단

A대학과 B대학 재학생의 헌혈 참여횟수가 동일한지 알아보기 위해 조사한 결과 A대학 1000명, B대학 950명이 헌혈에 참여하였다. $\sigma_1 = 20$, $\sigma_2 = 10$인 경우 두 대학간 헌혈 참여횟수에 차이가 있는지 유의수준 5%에서 검정하시오.

◦ $Z = \dfrac{(\overline{X_1} - \overline{X_2}) - (\mu_1 - \mu_2)}{\sqrt{\dfrac{\sigma_1^2}{n_1} + \dfrac{\sigma_2^2}{n_2}}} = \dfrac{(1000 - 950)}{\sqrt{\dfrac{20^2}{10} + \dfrac{10^2}{15}}} = 7.319$ 는 ($Z_{\frac{\alpha}{2}} = 1.96$)보다 크기 때문에 귀무가설을 기각하고 대립가설을 채택한다.

즉, 두 대학간 헌혈 횟수에 차이가 있다고 할 수 있다.

■ 사용 예

> 어느 국회의원 입후보자는 선거구 유권자 가운데 300명을 임의로 추출하여 조사한 결과 138명이 자신을 지지하였다. 지지율의 95% 신뢰구간을 구하고 지지율이 50% 미만이라고 확신할 수 있는지 유의수준 5%에서 검정하시오.
> (통계학입문, p133,송문섭외1, 자유아카데미)

• 작성방법

① 통계분석 메뉴 클릭

② 모비율검정 선택 후 일표본 검정 선택

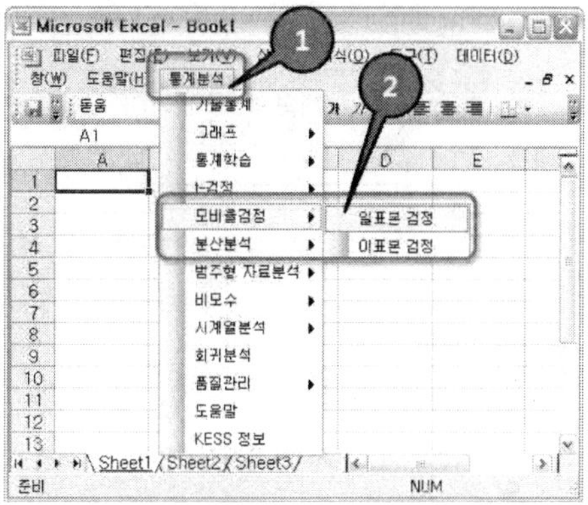

③ 시행횟수에 300,
성공횟수에 138,
모비율 0.5,
신뢰수준에 95를 입력

④ 확인버튼 클릭

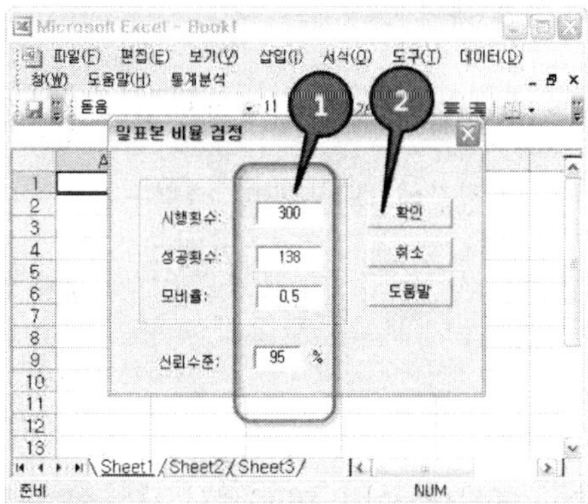

- 출력결과

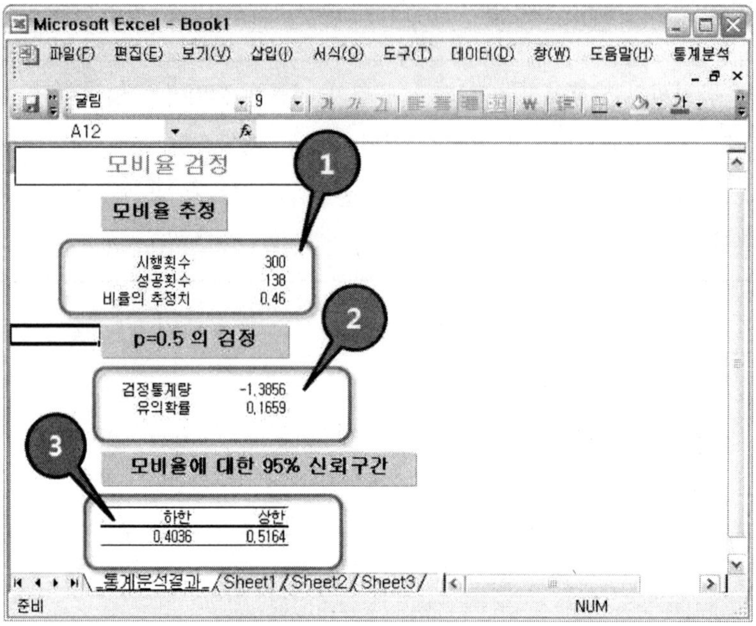

① 비율에 대한 추정: 0.46　　② 통계량: −1.3856, 유의확률: 0.1659

③ 95% 신뢰구간: (0.4036, 0.5164)

- 결과 해석

  - 지지율에 대한 추정값은 $\hat{p} = \frac{138}{300} = 0.46$
  - 추정값에 대한 95% 신뢰구간은

$$\hat{p} \pm z_{\frac{\alpha}{2}} \sqrt{\frac{\hat{p}(1-\hat{p})}{n}} = 0.46 \pm 1.96 \sqrt{\frac{0.46(1-0.46)}{300}}$$
$$= 0.46 \pm 0.0564 = (0.4036, 0.5164)$$

  - 유의확률이 0.1659로서 이는 양측검정의 값이므로 이 값에서 2를 나눈 값인 0.083이고 이 값은 0.05보다 큰 값이므로 귀무가설인 $\mu = \mu_0$ 가 기각되지 않는다. 즉, 지지율이 50% 미만이라는 근거는 없다.

실습 16

문제 Z-검정

A, B 두 기계에서 생산되는 제품의 불량률이 같은지 확인하기 위해 샘플링검사를 실시하였다. A와 B기계에서 생산된 제품을 각각 50개씩 임의로 뽑아 조사한 결과 A에서는 7개의 불량품이 나왔고 B에서는 5개의 불량품이 나왔다. 두 기계에서의 생산한 제품에 대한 불량률이 같다고 할 수 있는지 유의수준 5%에서 검정하시오. (통계학입문, p135, 송문섭외1, 자유아카데미)

1 기술통계량 구하기

1. 시행회수, 성공회수, 추정치 구하기
2. 검정통계량, p-값 구하기

2 결과값 해석하기

Data 자료의 입력

실습 16

Z-검정

결과

통계량	실습값	확인
시행회수1,2		
성공회수1,2		
추정치1,2		
검정통계량		
유의확률		
신뢰구간 하한		
신뢰구간 상한		

특징, 결과 해석

해석

1. 추정에 따른 해석

2. 검정에 따른 해석

3. 기타 해석

○ 학습한 내용

- Z-검정은 모집단의 분산을 알고 있는 경우에 모집단으로부터 추출한 표본 평균 간의 차이를 비교하는 방법이다.
- 표본의 크기가 충분히 큰 경우 모집단의 분산을 표본의 분산으로 대치 가능하므로 t-검정을 대신하여 Z-검정을 실시하기도 한다.
- 모집단에 대한 모평균분석은 단일표본 모평균과 기준점과의 차이를 검정하는 방법과, 2표본에서의 모평균 간의 차이를 검정하는 방법이 있다.
- 조사 대상 모집단에 대한 모수를 거의 알지 못하므로 Z-검정을 사용하는 경우는 많지 않다.

○ 익힘문제

- t-검정과 Z-검정의 사용용도에 대해 비교 설명하시오.
- Z-검정을 실시하기 위해 필요한 모수값은 무엇인가?
- Z-검정을 사용한 결과와 t-검정을 사용한 결과에는 구체적으로 어떠한 차이를 보이는지 설명하시오.

Part V

분산분석

분산분석은 셋 이상의 집단간 평균차이 검정이므로 t검정과 마찬가지로 집단을 대표하는 평균 및 분산이 주요 통계량으로, 집단간 차이가 '있다', '없다'로 표현하는 대표적인 비교를 통한 분석 기법이다. 분산분석을 위해 요인변수가 명목척도이고 종속변수는 등간척도 또는 비율척도로 구성되어야 한다. 분산분석을 위한 통계적 검정을 위해 F값을 이용하여 검정한다.

일원배치 분산분석은 집단을 분류하는 요인이 하나인 경우로서, 종속변수에 대한 평균치의 차이를 검정하는데 사용되며, 이원배치 분산분석은 요인변수가 2개인 경우이다. 분산분석에서의 종속변수는 평균을 구할 수 있는 양적 변수로 구성되어야 하고, 추출된 표본들은 서로 독립적이며, 각각은 정규분포와 모집단의 분산은 같아야 한다는 가정이 있다.

판정은 집단간 분산값과 집단내 분석값을 나눈 F비율을 구하여, 임계치보다 크면 표본에서 추출한 평균값들 중 하나 이상이 차이가 있다고 판정한다.

■ 기본개념

□ 분산분석(ANalysis Of VAriance: ANOVA)

▪ 특징

- 셋 이상의 집단간 평균차이 검정이므로 t-검정과 마찬가지로 집단을 대표하는 평균값이 주요 통계량임
- 집단간 차이가 '있다', '없다'로 표현하는 대표적인 비교를 통한 분석 기법임
- 분산분석을 위한 최소한의 조건은 요인변수가 명목척도이고 종속변수(결과변수)는 등간척도 또는 비율척도로 구성되어야 함
- 분산분석에서 가장 많이 사용하는 검정방법이 F-검정방법임(개발자 Fisher의 첫 자를 따서 F-검정이라 함)

▪ 검정 관점

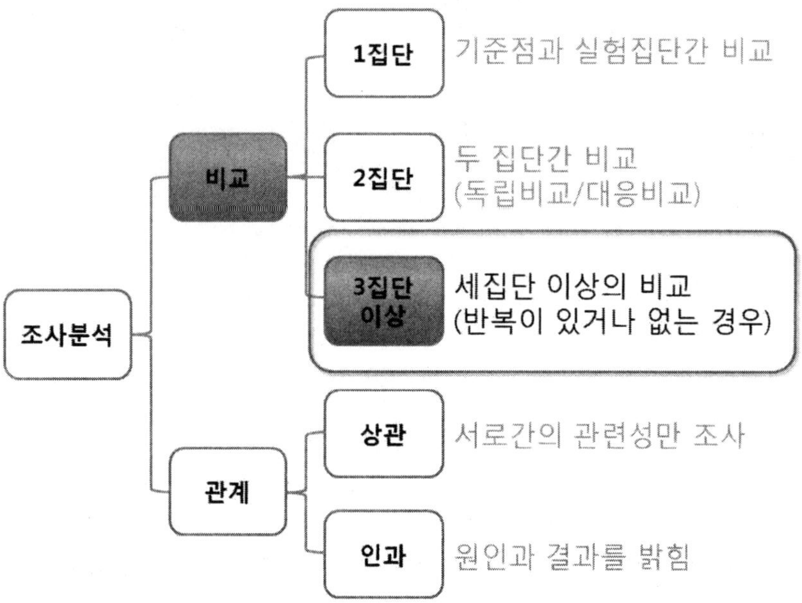

■ t-검정 vs F-검정

◦ t-검정방식의 검정은 집단의 수가 많아질수록 상호 비교해야할 횟수가 급격히 늘어나지만 F-검정은 집단의 수만큼만 필요함

집단 수	t-검정	F-검정
2	1	2
3	3	3
4	6	4
5	10	5
⋮	⋮	⋮
n	$\sum_{i=1}^{n-1} i$	n

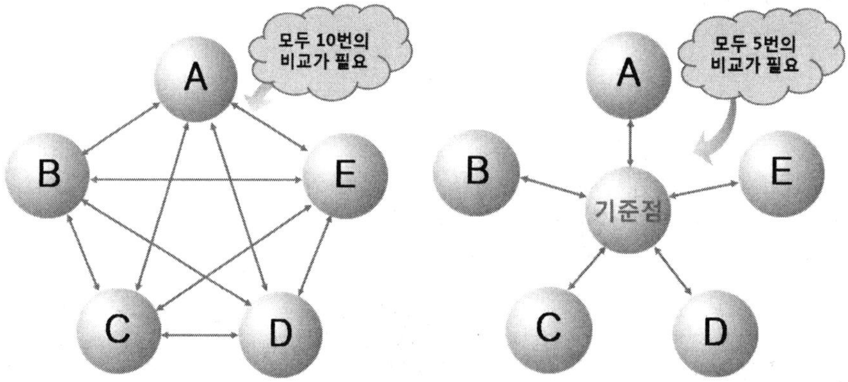

◦ 집단의 수가 커질수록 t-검정에서는 비교할 개수가 많아짐

◦ 기준점에서의 떨어진 정도를 분산으로 표시할 수 있으므로 3이상의 집단 비교에 분산분석을 이용함(ANOVA의 의미도 바로 분산분석의 약자임)

◦ 2집단인 경우에는 왼쪽그림은 1회 비교, 오른쪽 그림은 2회 비교가 필요함 즉, 두 집단까지는 F-검정보다는 t-검정이 유리함

■ 분산분석

■ 일원배치 분산분석

- 단일 요인에 의해 종속변수에 대한 평균치의 차이를 검정하는데 활용됨
- 요인변수와 종속변수가 각각 1개일 경우에 사용됨

■ 이원배치 분산분석

- 요인변수와 종속변수간의 상호작용 효과를 검정할 수 있음
- 요인변수가 2개이고 종속변수는 1개일 경우에 사용됨
- 요인변수가 3 이상의 분석도 할 수 있지만 결과에 대한 해석의 어려움으로 인해 거의 사용하지 않음

■ 기본 가정

- 종속변수에서 평균을 구할 수 있는 양적 변수 즉, 평균 계산이 가능한 등간 또는 비율척도가 되어야 하고, 각 표본은 서로 독립적이어야 함
- 각 표본에 해당되는 모집단의 분포는 정규분포를 따라야 함
  (표본의 크기가 충분하다면 정규성의 가정은 고려하지 않아도 됨)
- 각 집단에 해당되는 모집단의 분산은 같아야 함
  (대개 동일 모집단에서 추출되는 사례가 많음)

■ 처리단계

⑱ 집단간 분석계산 : 표본간 분산으로부터 모집단 분석의 첫 번째 추정치를 구함

⑲ 집단내 분석계산: 표본내 분산으로부터 모집단 분석의 두 번째 추정치를 구함

⑳ F-값을 계산함: ①단계에서의 추정치와 ②단계에서 추정치를 F-검정 통계량 공식을 이용하여 F-비율(F-ratio)을 구한 후, 이 값이 임계치보다 크면 귀무가설을 기각하고 대립가설을 채택함

■ **유의사항**

◦ 여러 집단에 대한 적합성이나 독립성보다는 동질성에 큰 의미를 둠

◦ 결과 값에서 '집단의 평균은 모두 같다'라는 결과 값이 나오더라도 특정 두 집단의 평균간 차이는 있을 수 있음

◦ F-검정으로 두 집단간 비교를 할 수 없는 것은 아니지만, 두 집단의 비교는 T-검정을 이용

◦ 집단내 분포는 정규분포를 따라야 하며 집단별 분산 정도는 비슷하여야 함

◦ 분산을 이용하므로 분산의 특성(제곱된 값)상 음의 값이 존재하지 않음
따라서 분포는 0을 기준으로 양의 방향으로 구성된 그래프 모양을 가지고 있음

※집단의 수에 따른 검정방법 비교

1집단	2집단	3집단 이상

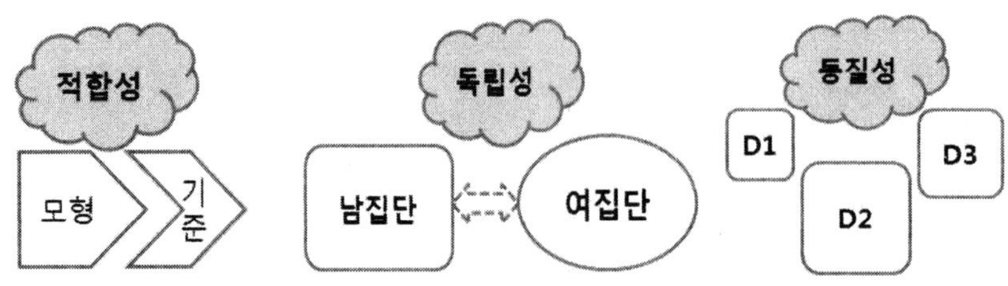

○ 학습한 내용

- 분산분석은 셋 이상의 집단간 평균차이를 검정하는 분석 기법이다.
- 분산분석을 위해 독립변수(요인변수)는 명목척도이고 종속변수는 등간척도 또는 비율척도로 구성되어야 한다.
- 분산분석에서는 F값을 이용하여 검정한다.
- 일원배치 분산분석은 집단을 분류하는 독립변수가 하나인 경우이며, 이원배치 분산분석은 독립변수가 2개인 경우이다.
- 분산분석을 위해 추출된 표본들은 서로 독립적이며, 각각은 정규분포와 모집단의 분산은 같아야 한다.
- 판정은 F비율을 구하여, 임계치보다 크면 표본에서 추출한 평균값들 중 하나 이상이 차이가 있다고 판정한다.

○ 익힘문제

- t-검정과 분산분석에 대해 비교 설명하시오.
- 3집단 이상의 평균차 검정에 t-검정 대신 분산분석을 사용하여 검정하는 이유에 대해 설명하시오.
- 분산분석에서 중요하게 사용하는 F값은 어떻게 구하는가?

15

일원배치 분산분석

일원배치 분산분석은 등간척도나 비율척도로 구성된 표본의 데이터들이 하나의 요인(즉 독립변수)에 의해 3개 이상의 집단으로 구분되어 있을 경우의 검정에 사용한다.

각 집단의 평균들이 전체 평균으로부터 분산된 정도(집단간 분산)를 각 집단의 평균치를 중심으로, 그 집단에 포함되어 있는 측정치들이 얼마나 분산되어 있는 정도(집단내 분산)로 나누어 나오는 F비율에 의해서 귀무가설을 기각하느냐 채택하느냐를 판정한다.

F비율이 크면 세 집단 중 하나 이상의 집단의 평균이 차이가 있음을 의미한다. 즉, 세집단 이상의 평균들에서 적어도 하나이상의 표본 평균이 다른 집단과 차이가 있음을 의미한다.

■ 일원배치 분산분석

■ 사용 목적

- 등간척도나 비율척도로 구성된 표본의 데이터들이 하나의 요인에 의해 3개 이상의 집단으로 구분되어 있을 경우 사용
- 각 집단의 평균들이 전체 평균으로부터 떨어져 있는 정도(집단간 분산)를 각 집단의 평균치를 중심으로 그 집단에 포함되어 있는 측정치들이 얼마나 분산되어 있는 정도(집단내 분산)로 나누어 나오는 F비에 의해서 영가설을 기각하느냐, 인정하느냐를 최종적으로 결정

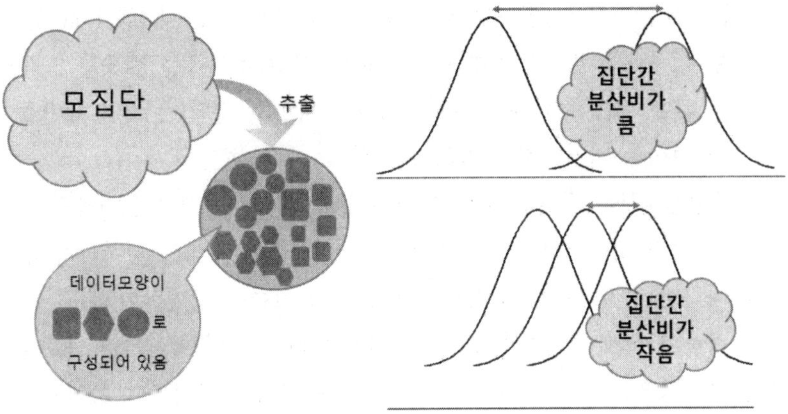

- 위의 그림은 요인이 모양으로 서로 구분되어 있음

■ 기본공식

- F값의 차이가 크면 세 집단 이상이 같을 것이라는 가정이 기각됨(즉 같지 않다 ≒ 다르다)

$$F = \frac{집단간분산}{집단내분산}$$

■ 설명

예: A 사회복지관 종사자들의 직무만족이 담당업무 영역에 따라 차이가 있는지에 대한 검정

- ◦ 표본으로부터 도출할 수 있는 통계량 : 평균, 집단간 분산, 집단내 분산
- ◦ 구해진 F−통계량을 이용하여 유의확률값(p−값)을 구함
- ◦ 최종 판정은 F−통계량이 아닌 p−값으로 판정함
- ◦ p−값은 귀무가설을 기각할 수 있는 최소의 유의수준임
  즉, p−값이 작을수록 대립가설이 참이라는 확실한 근거가 있다는 의미임
- ◦ 통계에서는 p−값으로 0.05, 0.01, 0.001의 숫자를 기준으로, p−값이 0.05라는 의미는 0.95(1−0.05), 즉 95% 대립가설이 참이라는 근거를 지지함
- ◦ p−값이 0.05이하인 경우에는 통계량에 별표(asterisk)를 1개(*), 0.01 이하인 경우에는 별표를 2개(**), 0.001이하인 경우에는 별표를 3개(***) 붙임
- ◦ p−값을 이용하여 유의미한 차이가 있다고 판정되면, 어떤 집단들이 유의미한 차이를 가지는지를 밝혀내야 함
- ◦ KESS에서는 집단간 차이가 있는지에 대해서만 검정이 가능하고, 구체적으로 어떤 집단과의 차이가 발생했는지에 대한 차이는 설명하지 않고 있음
- ◦ 따라서 상자그림, 평균값들을 이용하여 차이를 확인하여야 함
- ◦ 상용의 통계 패키지들에서는 차이가 있다는 것이 밝혀지면 사후검정을 통해 구체적으로 차이가 발생한 집단간의 유의미한 관계까지 확인할 수 있음

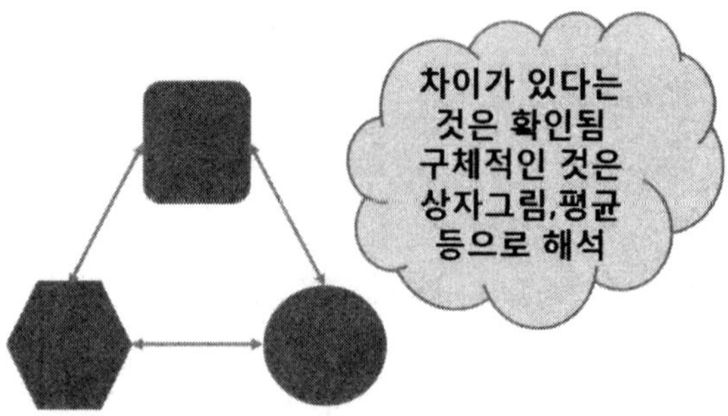

■ 사용 예

A 사회복지관 종사자들의 직무만족이 담당업무 영역에 따라 차이가 있는지를 조사하기 위해 담당업무 영역별로 5명씩 임의 추출하여 만족도에 대한 검사를 실시하였다. 집단간 만족도에 대한 차이가 있는가?

구분	1	2	3	4	5
노 인	57	60	57	60	57
아 동	59	60	61	58	59
장애인	52	53	56	50	51

- 작성방법(표준입력 탭에 의한)

① 엑셀에서 데이터를 변수명과 함께 입력

② 통계분석 메뉴 클릭

③ 분산분석 선택 후 일원배치법 선택

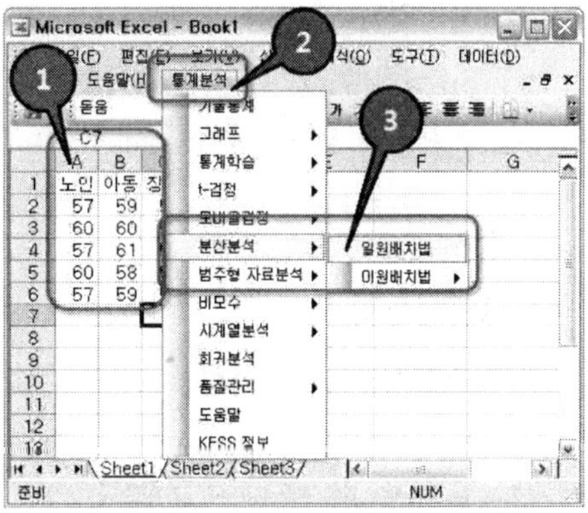

④ 표준입력이 선택되어 있음 (그대로 둠)

⑤ 선택변수의 모든 항목을 분석변수로

⑥ ⇥버튼을 이용 이동함

⑦ 출력옵션을 선택(그대로 둠)

⑧ 확인버튼 클릭

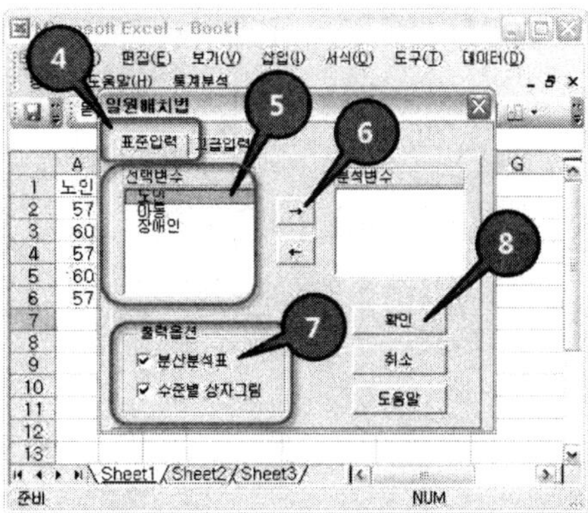

• 출력결과

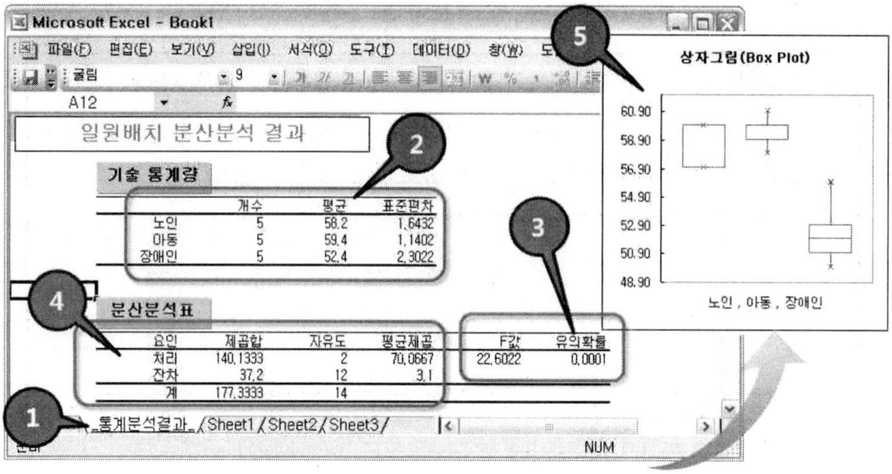

① 출력결과 탭이 새로이 생성 ② 기술통계량

③ F-통계량: 22.6022, 유의확률: 0.0001

④ 분산분석표(ANOVA table)

• 결과 해석

◦ 평균값들이 각각 58.2, 59.4, 52.4로 계산

◦ 통계적으로 서로 차이가 있다고 판정하는 근거는 ③유의확률 값으로 판정하게 됨(가장 중요한 지표)

◦ 유의확률이 0.0001로서 0.05보다 작은 값이므로 귀무가설인 $\mu=\mu_0$ 가 기각되고 $\mu \neq \mu_0$가 채택된다. 즉, 세 집단간 평균값들에 차이가 있다는 의미임

◦ 상자그림을 통해 만족도에 대한 차이가 있는 집단이 어느 집단인지를 탐색적으로 확인함(실제 차이가 있다고 결과가 나온 상태에서 그림으로 판단할 수 없는 경우가 발생하기도 함 : 상용 통계패키지에서는 사후검정으로 차이가 있는 집단의 확인이 가능함)

실습 17

문제 일원배치 분산분석

TV시청자세가 아동의 시력에 영향을 미치는지에 대해 실험한 자료가 있습니다. 이를 통해 시청자세에 따른 시력에 어떤 차이가 있는지 검정해 보시오.

1 통계량 구하기

1. 개수, 평균, 표준편차 구하기
2. 분산분석표 구하기
3. 상자그림 그리기

2 결과값 해석하기

Data 자료의 입력

표 16. 시청 자세에 따른 평균시력

앉아서시청	0.2	0.8	0.6	1.0	0.9	0.9
누워서시청	0.5	0.1	0.2	0.7	0.2	0.4
엎드려시청	0.8	0.3	0.1	0.1	0.6	0.4

실습 17

일원배치 분산분석

결과

통계량	실습값	확인
개수1,2,3		
평균1,2,3		
표준편차1,2,3		
처리제곱합(df)		
잔차제곱합(df)		
F값(유의확률)		

특징, 결과 해석

해석

1 기술통계량에 따른 해석

2 분산분석표에 따른 해석

3 기타 해석(상자그림 등)

○ 학습한 내용

- 일원배치 분산분석은 등간척도나 비율척도로 구성된 종속변수가 하나의 독립변수에 의해 3개 이상의 집단으로 구분될 경우의 평균간 차이를 검정하는 경우에 사용한다.
- 각 집단의 평균들이 전체 평균으로부터 분산된 정도(집단 간 분산)를 각 집단의 평균치를 중심으로, 그 집단에 포함되어 있는 측정치들이 얼마나 분산되어 있는 정도(집단 내 분산)로 나누어 나오는 F비율에 의해서 귀무가설을 기각하느냐 채택하느냐를 판정한다.
- F비율이 크면 세집단 이상의 평균들에서 적어도 하나이상의 표본 평균이 다른 집단과 차이가 있음을 의미한다.

○ 익힘문제

- 일원배치 분산분석에서 독립변수와 종속변수의 척도에 내해 설명하시오.
- F비율을 통해 유의확률이 0.05이하인 경우에 대해, 귀무가설을 어떻게 판정해야 하는지 설명하시오.
- 만약 독립변수에 의해 2집단으로 나누어진 경우 t-검정과 F-검정 결과에 대해 어떤 차이가 있는지 설명하시오.

16

반복이 없는 이원배치 분산분석

일원배치 분산분석은 하나의 요인(독립변수)과 양적 변수로 구성된 종속변수로 구성된 것에 비해, 반복이 없는 이원배치 분산분석은 두개의 독립변수와 양적 변수로 구성된 하나의 종속변수로 구분되어 있을 경우 사용한다. 수집된 데이터는 각각 1회 측정만으로 구성된 데이터집단을 대상으로 하며, 일원배치 분산분석과 마찬가지로, 반복이 없는 이원배치 분산분석에서도 F비율에 의해 귀무가설을 기각하느냐 채택하느냐를 판정한다.

F비율이 크면 세 집단 중 하나 이상의 집단의 평균이 차이가 있음을 의미한다. 즉, 세 집단 이상의 평균값들 중에서 적어도 하나 이상의 표본 평균이 다른 집단의 평균과 차이가 있음을 의미한다. 이는 어느 특정한 집단이 상대적으로 우수할 수도 있거나, 아니면 반대로 낮다는 의미이다.

■ 반복이 없는 이원배치 분산분석

■ 사용 목적

- 일원배치 분산분석은 하나의 요인에 의해 등간척도나 비율척도로 구성된 표본의 데이터들로 구분되어 있을 경우 사용하는데 비해 이원배치 분산분석은 두 개의 요인으로 구분된 경우에 사용함
- 수집된 데이터는 한 번의 측정만으로 구성된 데이터집단을 대상으로 함 (대상이 된 집단을 2회 이상 측정한 경우에는 교호작용이 고려된 반복이 있는 이원배치 분산분석으로 처리하여야 함)
- 판정은 F값에 의해서 영가설을 기각하느냐, 인정하느냐를 최종적으로 결정

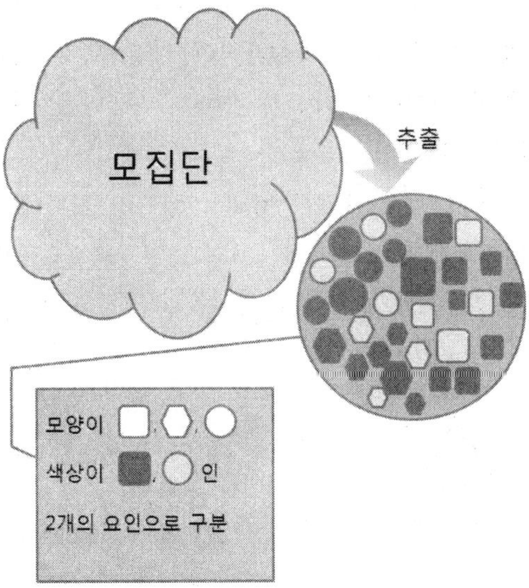

- 각각의 요인이 종속변수에 미치는 주효과를 평가할 수 있음
- 요인이 3개 이상인 경우 존재하기도 하며, 종속변수가 2개 이상인 경우의 분석법도 있으나 본 교재에서는 다루지 않음(실제 요인의 수가 3개 이상인 경우에는 상호작용효과 등으로 인해 거의 사용하지 않음)

■ **설명**

예 : 운동량과 운동방법이 건강정도에 영향을 미치는지에 대한 분석

- 표본으로부터 도출할 수 있는 통계량 : 평균, 집단간 분산, 집단내 분산 등
- 구해진 F-통계량을 이용하여 유의확률값(p-값)을 구함
- 최종 판정은 F-통계량이 아닌 p-값으로 판정함
- p-값은 귀무가설을 기각할 수 있는 최소의 유의수준임
  즉, p-값이 작을수록 대립가설이 참이라는 확실한 근거가 있다는 의미임
- 처리된 결과 나타난 p-값으로 0.05, 0.01, 0.001의 숫자를 기준으로, p-값이 0.05 이하라는 의미는 0.95(1-0.05), 즉 95% 대립가설이 참이라는 근거를 지지함
- p-값이 0.05이하인 경우에는 통계량에 별표(asterisk)를 1개(*), 0.01 이하인 경우에는 별표를 2개(**), 0.001이하인 경우에는 별표를 3개(***) 붙임
- p-값을 이용하여 유의미한 차이가 있다고 판정되면, 어떤 집단들이 유의미한 차이를 가지는지를 밝혀내야 함
- KESS에서는 집단간 차이가 있는지에 대해서만 검정이 가능하고, 구체적으로 어떤 집단과의 차이가 발생했는지에 대한 차이는 설명하지 않고 있음
- 상자그림, 평균값들을 이용하여 탐색적으로 차이를 확인할 수 있음

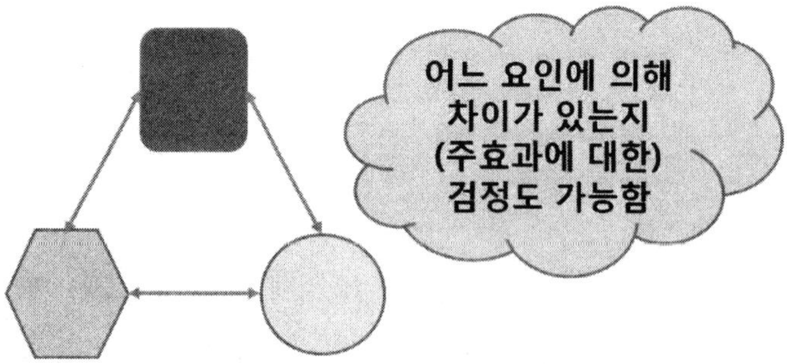

■ 사용 예('표준입력' 탭 사용 시)

50Kg 미만의 저체중이 의심되는 사람들을 대상으로 음식물 섭취와 운동 수준이 체중 증가에 도움이 되는지에 대해 다음과 같은 자료를 얻었다. 유의수준 5%에서 검정하시오.

수준 \ 음식	고단백	고지방	탄수화물
수준A	5	4	5
수준B	3	2	4
수준C	−1	2	2

- 작성방법(표준입력 탭에 의한)

① 자료입력(입력방법 주의)

② 통계분석 탭 클릭

③ 분산분석 이원배치법 클릭

④ 반복이 없는 경우 클릭

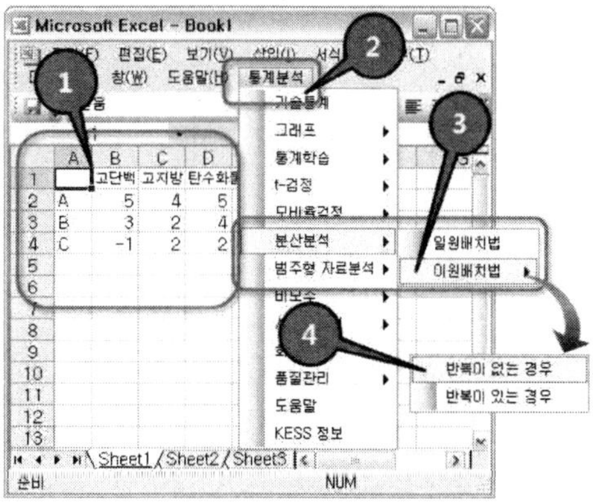

⑤ '표준입력'탭을 그대로 둠 (출력옵션도 정해진 그대로 둠)

⑥ 확인 클릭

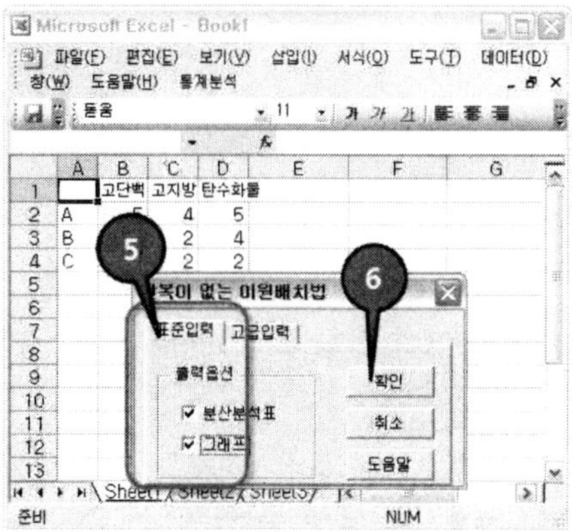

- 출력결과

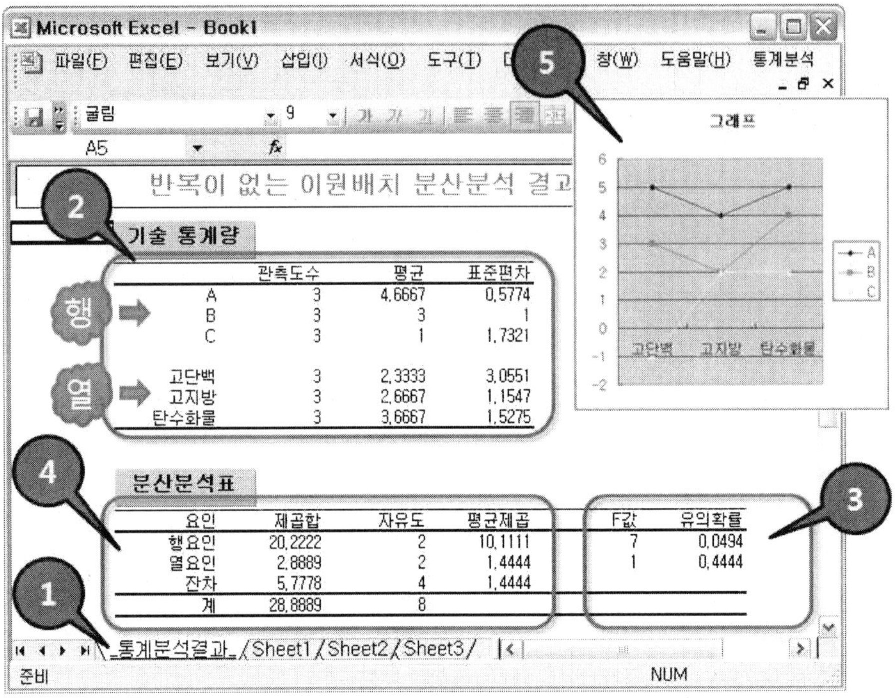

① 출력결과 탭이 새로이 생성 ② 기술통계량

③ F-통계량: 행요인 7, 열요인 1, 유의확률: 0.0494, 0.4444

④ 분산분석표(ANOVA table) ⑤ 결과 그래프

- 결과 해석
  - 행요인의 유의확률값이 0.05보다 작으므로 운동수준에 차이를 보임 (열요인은 유의한 차이를 나타내지 않음)
  - 행요인 즉, 운동수준이 유의확률이 0.0494로 0.05보다 작은 값이므로 귀무가설인 $\mu = \mu_0$ 가 기각되고 $\mu \neq \mu_0$ 가 채택된다. 즉, 운동수준에 따라 체중에 차이가 있다고 볼 수 있음

실습 18

문제

반복이 없는 이원배치 분산분석(1)

지역과 비료의 종류에 따라 토마토 생산량에 차이가 있는지 확인하기 위하여 3개 지역에서 각각 A, B, C 세 종류의 비료를 적용시킨 후에 생산량을 조사한 결과 아래의 자료를 얻었다. 지역과 비료의 종류에 따라 생산량에 차이가 있다고 할 수 있는지 유의수준 5%에서 검정하시오. (통계학입문, p122, 송문섭외1, 자유아카데미에서 부분 발췌)

1 통계량 구하기

1. 개수, 평균, 표준편차 구하기
2. 분산분석표 구하기
3. 그래프 그리기

2 결과값 해석하기

Data

자료의 입력

표 17. 토마토 수확량

지역 \ 비료	A	B	C
지역1	38.6	43.5	40.3
지역2	50.2	58.7	53.5
지역3	48.2	50.8	51.2

실습 18

반복이 없는 이원배치 분산분석(1)

결과

통계량	실습값	확인
개수(행, 열)		
평균(행, 열)		
표준편차(행,열)		
표준편차		
행요인제곱합(df)		
열요인제곱합(df)		
잔차제곱합(df)		
F값(유의확률)		

특징, 결과 해석

해석

1 기술통계량에 따른 해석

2 분산분석표에 따른 해석

3 기타 해석(그래프 등)

실습 19

문제 반복이 없는 이원배치 분산분석(2)

4종류의 식이요법 효과를 판정하기 위한 실험에서 흰쥐를 각기 다른 3종류의 환경에서 실험한 후 체중증가에 대한 분산분석 (통계패키지I, p256, 성내경외1, 한국방송통신대학교출판부에서 부분발췌)

■ 통계량 구하기

1. 개수, 평균, 표준편차 구하기
2. 분산분석표 구하기
3. 그래프 그리기

■ 결과값 해석하기

Data 자료의 입력

표 18. 흰쥐의 체중변화량

환경 \ 요법	A	B	C	D
1	1.5	2.7	2.1	1.3
2	1.4	2.9	2.2	1.0
3	1.4	3.3	2.5	1.5

실습 19

반복이 없는 이원배치 분산분석(2)

결과

통계량	실습값	확인
개수(행, 열)		
평균(행, 열)		
표준편차(행,열)		
표준편차		
행요인제곱합(df)		
열요인제곱합(df)		
잔차제곱합(df)		
F값(유의확률)		

특징, 결과 해석

해석

1 기술통계량에 따른 해석

2 분산분석표에 따른 해석

3 기타 해석(그래프 등)

O 학습한 내용

- 반복이 없는 이원배치 분산분석은 두개의 독립변수와 하나의 양적변수로 구성된 종속변수로 구분되어 있을 경우 사용한다.
- 수집된 데이터는 각각 1회 측정만으로 구성된 데이터집단을 대상으로 한다.
- 검정은 F값에 의해서 귀무가설을 기각하느냐 채택하느냐를 판정한다.
- F비율이 크면 세 집단 중 하나 이상의 집단의 평균이 차이가 있음을 의미한다.

O 익힘문제

- 이원배치 분산분석에서 독립변수와 종속변수의 척도에 대해 설명하시오.
- 이원배치분산분석은 일원배치분산분석의 차이는 무엇인가?
- F비율을 통해 유의확률이 0.05이하인 경우에 대해, 귀무가설은 어떻게 판정해야 하는지 설명하시오.

17

반복이 있는 이원배치 분산분석

반복 있는 이원배치 분산분석은 두 요인의 조합에서 종속변수에 해당하는 데이터를 2회 이상 반복측정이 이루어진 분산분석이다. 측정 대상이 된 집단을 2회 이상 반복 측정한 경우에는 교호작용 효과가 나타나므로 이에 대한 처리도 필요하다. 판정은 앞선 분산분석과 같이 F값으로 귀무가설을 기각하는지 채택하는지 최종적으로 결정한다.

앞선 분산분석과 마찬가지로, 반복이 있는 이원배치 분산분석에서도 F비율에 의해 귀무가설을 기각하느냐 채택하느냐를 판정한다. F비율이 크면 세 집단 중 하나 이상의 집단의 평균이 차이가 있음을 의미한다. 또한 각각의 요인이 종속변수에 미치는 주효과 및 교호작용 효과까지 평가할 수 있다.

■ 반복이 있는 이원배치 분산분석

■ 사용 목적

- 반복이 없는 이원배치 분산분석은 두 개의 요인으로 구분되고, 한 번의 측정만으로 구성된 데이터집단을 대상으로 한 것이고, 반복이 있는 이원배치 분산분석은 두 요인의 조합에서 2회 이상의 반복적인 측정이 이루어진 분산분석임
- 대상이 된 집단을 2회 이상 반복 측정한 경우에는 교호작용 효과가 나타나므로 이에 대한 처리도 필요함
- 판정은 다른 분산분석과 같이 F-값에 의해서 영가설을 기각하느냐, 인정하는지 최종적으로 결정함

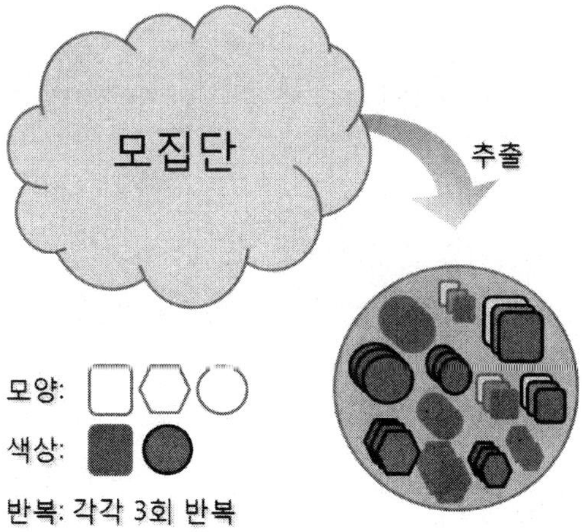

- 각각의 요인이 종속변수에 미치는 주효과 및 교호작용 효과까지 평가할 수 있음
- 본 교재에서는 반복횟수가 같은 내용만 다룸

■ **설명**

예: 2종류의 영업용 택시를 3명의 기사가 운전하면서 택시의 결함정도에 대해 2회에 걸쳐 자료를 수집하였다. 각 요인과 교호작용효과에 대하여 유의성을 검정하여 보시오.

- 표본으로부터 도출할 수 있는 통계량 : 평균, 집단간 분산, 집단내 분산 등
- 분산분석표에서 행요인, 열요인, 교호작용 값이 출력됨
- 구해진 F-통계량을 이용하여 유의확률값(p-값)을 구함
- 최종 판정은 F-통계량이 아닌 p-값이며, p-값은 귀무가설을 기각할 수 있는 최소의 유의수준임. 즉, p-값이 작을수록 대립가설이 참이라는 확실한 근거가 있다는 의미임
- 처리된 결과 나타난 p-값으로 0.05, 0.01, 0.001의 숫자를 기준으로, p-값이 0.05 이하라는 의미는 0.95(1-0.05), 즉 95% 대립가설이 참이라는 근거를 지지함
- p-값이 0.05이하인 경우에는 통계량에 별표(asterisk)를 1개(*), 0.01 이하인 경우에는 별표를 2개(**), 0.001이하인 경우에는 별표를 3개(***) 붙임
- p-값을 이용하여 유의미한 차이가 있다고 판정되면, 어떤 집단들이 유의미한 차이를 가지는지를 밝혀내야 함
- 그래프를 통하여 교호작용 효과를 확인할 수 있음

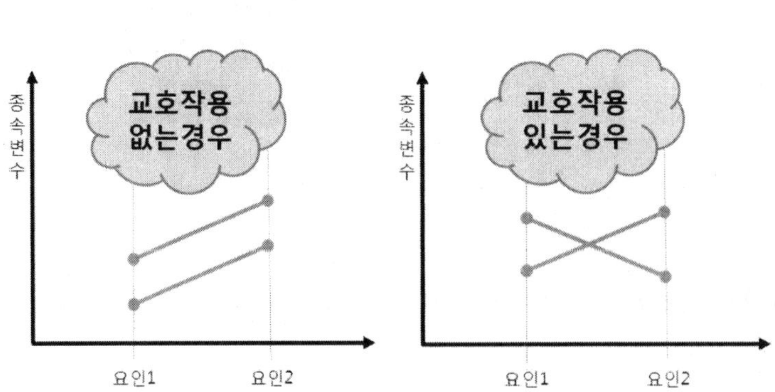

■ 사용 예('표준입력' 탭 사용 시)

리탈린이 정상아동과 과잉운동아동에 미치는 영향을 조사하기 위하여, 정상아동 8명과 과잉운동 아동 8명을 두 그룹으로 나누어 한 그룹에는 리탈린, 다른 그룹에는 위약(placebo)을 투여하였다. 투약효과, 아동효과, 교호작용의 각각에 대해 유의성검정을 하시오. (통계학입문, p126, 송문섭외1, 자유아카데미)

아동 \ 투약	위약		리탈린	
정상아	50	42	67	60
	55	52	58	65
과잉운동아	70	68	51	57
	72	75	48	55

- 작성방법(표준입력 탭에 의한)
  - ① 자료입력(입력방법 주의)
  - ② 통계분석 탭 클릭
  - ③ 분산분석 이원배치법 클릭
  - ④ 반복이 있는 경우 클릭

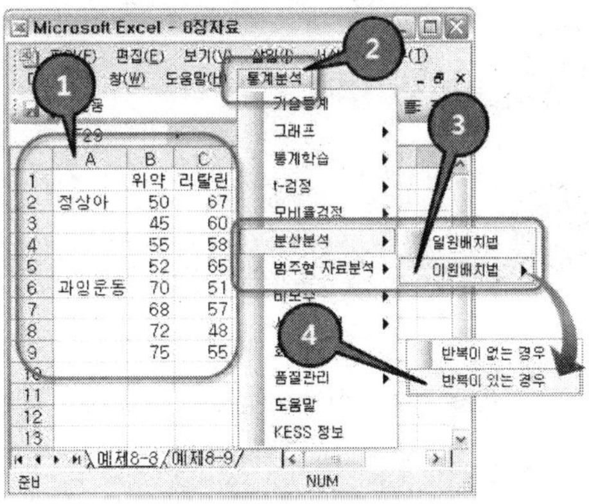

  - ⑤ '표준입력'탭을 그대로 둠
  - ⑥ 반복수는 ▲버튼을 눌러 4로 맞춤(4회 반복 측정)
  - ⑦ 출력옵션은 그대로 둠
  - ⑧ 확인 클릭

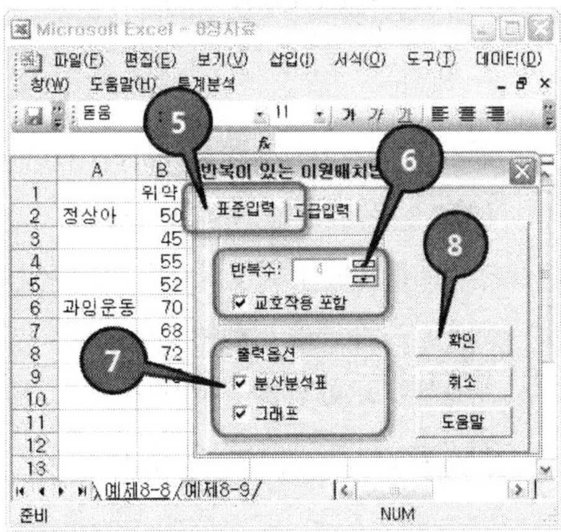

• 출력결과

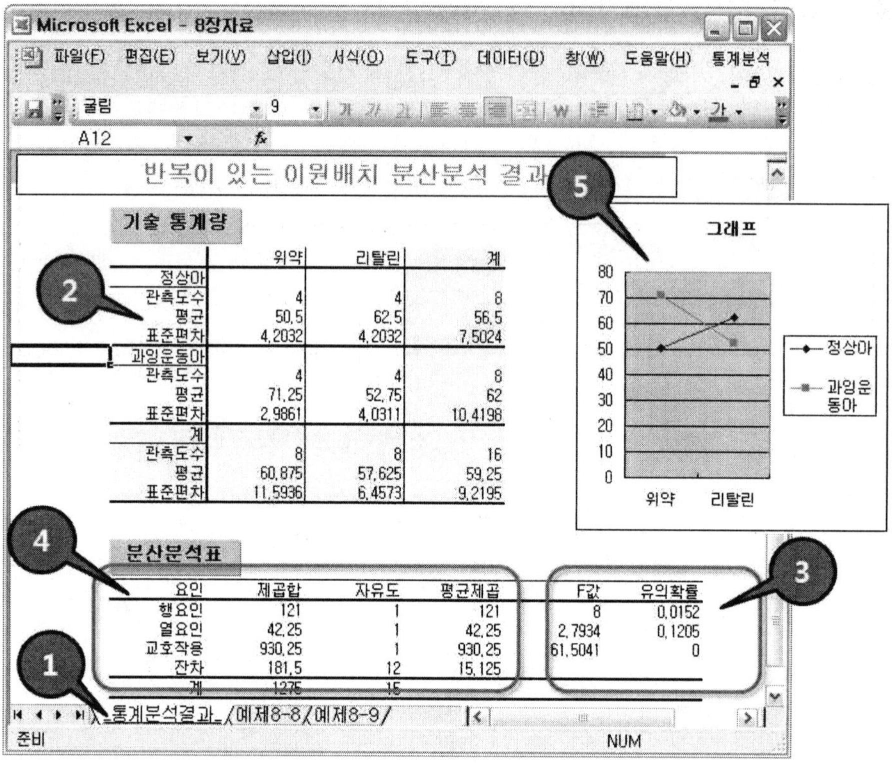

① 출력결과 탭이 새로이 생성 ② 기술통계량이 도표형식으로 출력

③ F-통계량: 행요인 8, 열요인 2.7934, 유의확률: 0.0152, 0.1205

④ 분산분석표(ANOVA table) ⑤ 교호작용 확인 그래프

• 결과 해석

◦ 행요인(아동)의 유의확률값이 0.05보다 작으므로 유의한 차이를 보임 (열요인은 유의한 차이를 나타내지 않지만 교호작용에 의해 제외시킬 수 없음: 그래프에서 교호작용을 확인하는 교차형 그래프로 나타남)

◦ 교호작용의 유의확률이 0이므로 아주 유의하다는 것을 보여줌

◦ 행요인과 교호작용의 유의확률이 0.05보다 작은 값이므로 귀무가설인 $\mu = \mu_0$ 가 기각되고 $\mu \neq \mu_0$ 가 채택된다. 즉, 아동에 따라 차이가 있다고 볼 수 있음

참고 반복이 없는 경우('고급입력'탭을 사용한 입력)

수준＼음식	고단백	고지방	탄수화물
수준A	5	4	5
수준B	3	2	4
수준C	−1	2	2

- 작성방법(표준입력 탭에 의한)

  ① 자료입력(대부분의 통계분석 패키지들은 주로 이 방법으로 입력함)

  ② 통계분석 탭 클릭

  ③ 분산분석 이원배치법 클릭

  ④ 반복이 없는 경우 클릭

  ※ A, B, C, P, F, S 등의 기호는 사용자가 적당히 작명하여 사용가능함

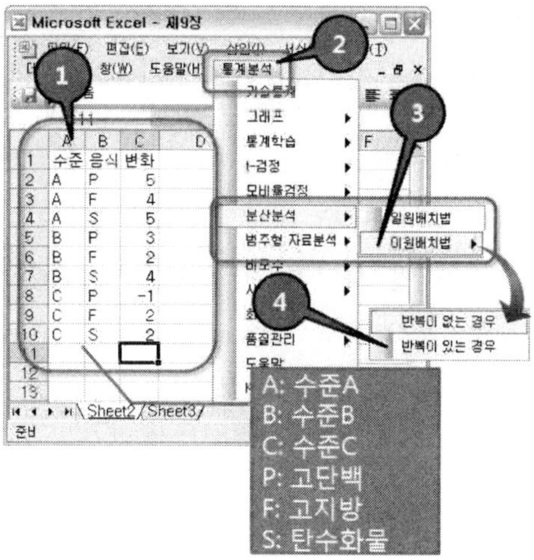

  ⑤ '고급입력'탭을 클릭

  ⑥ 선택변수에서 수준을 분류변수1로, 음식을 분류변수2로, 변화를 분석변수로 이동(→ 버튼 이용하여 이동, 잘못 이동된 경우에는 ← 버튼으로 환원 가능)

  ⑦ 출력옵션은 그대로 둠

  ⑧ 확인 클릭

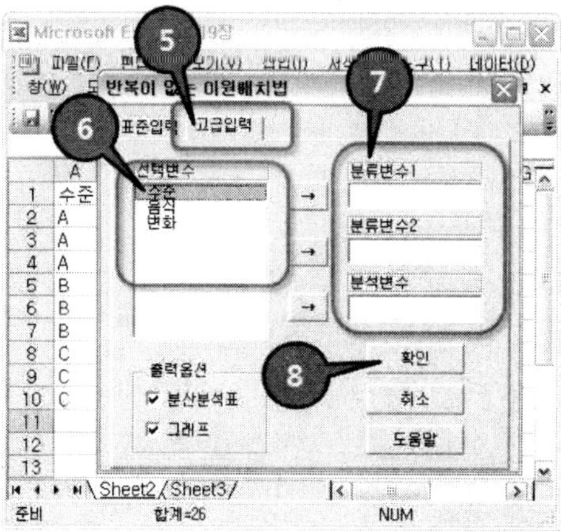

- 결과는 표준입력을 선택한 경우와 동일함

참고 반복이 있는 경우('고급입력'탭을 사용한 입력)

아동 \ 투약	위약		리탈린	
정상아	50	42	67	60
	55	52	58	65
과잉운동아	70	68	51	57
	72	75	48	55

• 작성방법(표준입력 탭에 의한)

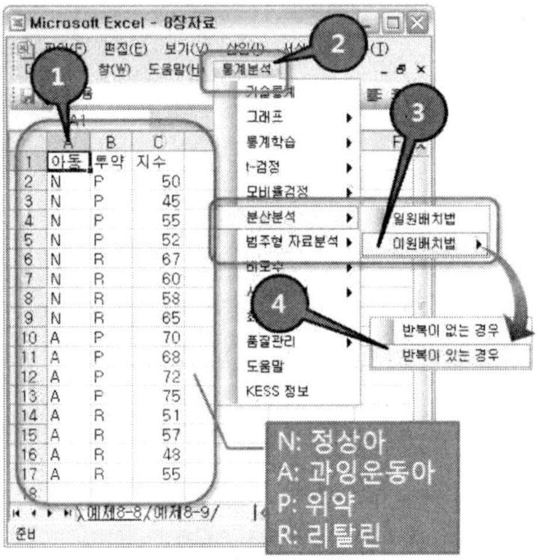

① 자료입력(대부분의 통계분석 패키지들은 주로 이 방법으로 입력함)

② 통계분석 탭 클릭

③ 분산분석 이원배치법 클릭

④ 반복이 있는 경우 클릭

※ N, A, P, R 등의 기호는 사용자가 적당히 작명하여 사용 가능함

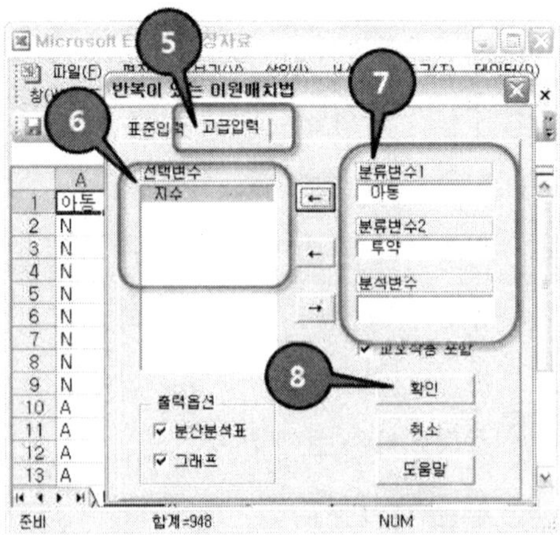

⑤ '고급입력'탭을 클릭

⑥ 선택변수에서 아동을 분류변수1로, 투약을 분류변수2로, 지수를 분석변수로 → 버튼을 눌러 이동(잘못 이동된 경우에는 ← 버튼으로 환원 가능)

⑦ 출력옵션은 그대로 둠

⑧ 확인 클릭

• 결과는 표준입력을 선택한 경우와 동일함

실습 20

문제 반복이 있는 이원배치 분산분석(1)

2종류의 영업용 택시를 3명의 기사가 운전하면서 택시의 결함정도에 대해 4회에 걸쳐 자료 수집하였다. 각 요인과 교호작용효과에 대하여 유의성을 검정

1 통계량 구하기

1. 개수, 평균, 표준편차 구하기
2. 분신분석표 구하기
3. 그래프 그리기(교호작용 확인)

2 결과값 해석하기

Data 자료의 입력

표 19. 차량 결함 정도

차량 \ 기사	기사1		기사2		기사3	
A	2	3	3	3	3	3
	3	2	2	2	2	2
B	3	3	2	3	3	3
	2	3	3	3	3	2

실습 20

반복이 있는 이원배치 분산분석(1)

결과

통계량	실습값	확인
개수(행, 열)		
평균(행, 열)		
표준편차(행,열)		
표준편차		
행요인제곱합(df)		
열요인제곱합(df)		
잔차제곱합(df)		
교호작용		
F값(유의확률)		

특징, 결과 해석

해석

1 기술통계량에 따른 해석

2 분산분석표에 따른 해석

3 기타 해석(그래프 등)

실습 21

문제 반복이 있는 이원배치 분산분석(2)

A 전자 서비스센터 직원들의 제품별 서비스 만족도를 2회 측정한 결과이다. 각 요인과 교호작용효과에 대하여 유의성을 검정하시오.

1 통계량 구하기

1. 개수, 평균, 표준편차 구하기
2. 분산분석표 구하기
3. 그래프 그리기(교호작용 확인)

2 결과값 해석하기

Data 자료의 입력

표 20. A/S 기사별 서비스 만족도

종류 \ 기사	기사1		기사2		기사3	
TV	92	90	88	90	85	92
VTR	92	78	82	86	80	81
홈시어터	86	84	89	87	88	85

실습 21

반복이 있는 이원배치 분산분석(2)

결과

통계량	실습값	확인
개수(행, 열)		
평균(행, 열)		
표준편차(행,열)		
표준편차		
행요인제곱합(df)		
열요인제곱합(df)		
잔차제곱합(df)		
교호작용		
F값(유의확률)		

특징, 결과 해석

해석

1 기술통계량에 따른 해석

2 분산분석표에 따른 해석

3 기타 해석(상자그림 등)

O 학습한 내용

- 반복 있는 이원배치 분산분석은 두 요인의 조합에서 종속변수에 해당하는 데이터를 2회 이상 반복 측정된 데이터를 이용한 분산분석이다.
- 측정 대상이 된 집단을 2회 이상 반복 측정한 경우에는 교호작용 효과가 나타나므로 이에 대한 처리도 필요하다.
- 판정은 F값으로 귀무가설을 기각하는지 채택하는지 최종적으로 결정하는 것으로, F비율이 크면 세 집단 중 하나 이상의 집단의 평균이 차이가 있음을 의미한다.
- 각각의 요인이 종속변수에 미치는 주효과 및 교호작용 효과까지 평가할 수 있다.

O 익힘문제

- 반복이 있는 이원배치 분산분석과 반복이 없는 이원배치 분산분석의 차이에 대해 설명하시오.
- 교호작용이란 무엇인지 설명하시오.
- 이원배치 분산분석에서 독립변수와 종속변수의 척도에 대해 설명하시오.
- F비율을 통해 유의확률이 0.05이하인 경우에 대해, 귀무가설을 어떻게 판정해야 하는지 설명하시오.

Part VI

관계형 자료분석

대표적인 관계형 자료분석은 서로간의 상관성을 확인할 수 있는 상관분석과, 변수들 간 원인과 결과를 확인할 수 있는 회귀분석이 있다.

상관분석은 두 변수 사이에 어떤 선형적 관계를 갖고 있는 지를 분석하는 방법이다. 이 때 두 변수 사이의 선형적 관계의 정도를 상관관계라 한다. 그러나 상관계수는 두 변수 사이에 연관된 정도를 나타낼 뿐이며 인과관계에 대한 것을 확인할 수 없기 때문에, 원인과 결과의 인과관계를 보기 위해서는 회귀분석을 사용한다.

회귀분석은 한 개 또는 그 이상의 독립변수들과 한 개의 종속변수들의 관계를 파악하기 위한 통계분석기법으로, 기본적으로는 기울기와 절편을 이용하여 수학식을 구하는 것과 같다고 볼 수 있다. 이는 종속변수에 영향을 미치는 독립변수들을 이용하여 종속변수의 변화를 예측하는 것이므로, 독립변수와 종속변수와의 관계에서는 강한 상관성을 가져야 한다.

■ 상관관계 분석

- ◦ 상관이란 용어는 두 변수 사이의 의존성 및 관계성을 의미하는 것을 의미함
- ◦ 상관관계분석은 두 변수간의 관련성을 상관계수를 이용하여 분석하는 것임
- ◦ 쌍으로 관찰된 두 변수간의 관련성 분석
- ◦ 두 변수 간 어떤 선형적 관계를 가지고 있는지 분석하는 통계기법
- ◦ 두 변수 사이의 관련 정도를 상관계수(ρ)를 이용하여 확인할 수 있음
- ◦ 두 변수간의 관계의 세기를 상관관계라 함
- ◦ 상관관계의 나타내는 상관계수는 두 변수간의 관련정도를 나타낼 뿐 인과관계를 설명하는 것은 아님
- ◦ 두 변수간 인과관계가 있는지는 회귀분석을 통해 방향, 정도를 확인함
- ◦ 인과관계를 분석하기 위해 선행되어야 하는 것이 상관관계분석임

• 상관관계 vs 인과관계

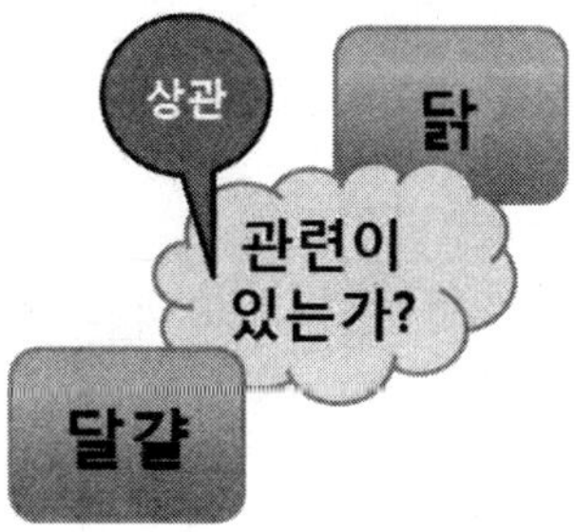

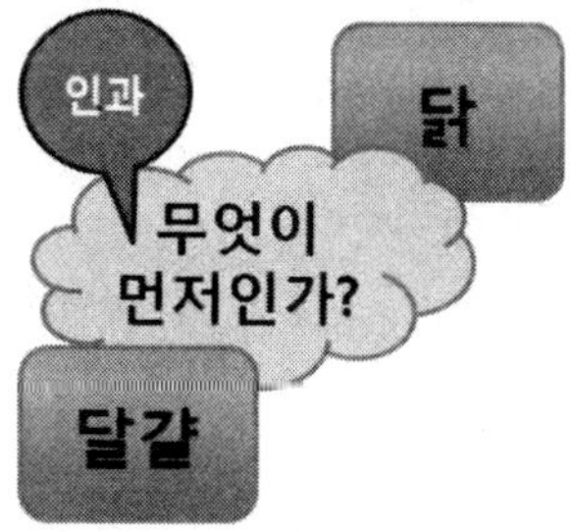

■ 인과관계 분석

- 회귀분석은 시간에 따라 변화하는 데이터나 어떤 영향, 가설적 실험, 인과관계의 모델링등의 통계적 예측에 이용되는 통계기법임
- 회귀(Regress)의 원래 의미는 옛날 상태로 돌아가는 것을 의미
- 프란시스 갈톤: 부모의 키와 아이들의 키 사이의 선형적인 관계(키가 커지거나 작아지는 것보다는 전체 키 평균으로 돌아가려는 경향)에서 '회귀분석' 사용함
- 피어슨(Karl Pearson): 아버지와 아들의 키를 조사한 결과를 바탕으로 함수관계를 도출하여 수학적으로 정립함
- 회귀분석의 주요한 개념 중 하나가 '예측'으로서 대부분의 통계적 예측은 회귀분석으로부터 시작됨
- 연속형 변수들에 대해 독립변수와 종속변수 사이의 인과관계에 따른 수학적 모델인 회귀식을 구하여 독립변수에 따른 종속변수를 예측함
- 기본적인 회귀분석은 선형관계를 이루며 회귀분석의 가장 중요한 점은 선형방정식의 도출임
- 수학적 모델이 얼마나 잘 설명하고 있는지를 판별하기 위한 적합도 측정에도 사용함
- 하나의 독립변수와 하나의 종속변수간 관계를 분석할 경우 단순회귀분석, 여러 개의 독립변수와 하나의 종속변수간 관계를 규명하고자 할 경우 다중회귀분석이라 함

○ 학습한 내용

- 관계형 자료분석은 서로간의 상관성을 확인할 수 있는 상관분석과, 변수들 간 원인과 결과를 확인할 수 있는 회귀분석이 있다.
- 상관분석은 두 변수 사이에 어떤 선형적 관계를 갖고 있는지를 분석하는 방법이다.
- 회귀분석은 한 개 또는 그 이상의 독립변수들과 한 개의 종속변수들의 관계를 파악하기 위한 통계분석기법으로, 기본적으로는 기울기와 절편을 이용하여 회귀식을 도출한다.
- 회귀분석은 종속변수에 영향을 미치는 독립변수들을 이용하여 종속변수의 변화를 예측할 수 있다.

○ 익힘문제

- 상관분석과 인과분석에 대해 비교 설명하시오.
- 상관분석에서 사용되는 통계치는 무엇인가?
- 대표적 인과분석에는 어떤 것이 있는가?
- 회귀분석은 구체적으로 무엇을 구하기 위한 과정인가?
- 회귀분석은 미래 예측이 가능한 통계적 기법인지 설명하시오.

18

상관분석

상관관계분석은 쌍으로 관찰된 두 변수간의 관련성을 분석하는 것으로 두 변수간에 어떤 선형적 관계를 가지고 있는지 분석하는 방법이다. 이 때 두 변수간의 관계의 세기를 상관관계라 하고 관계의 정도를 나타내는 정도를 상관계수(ρ)를 이용하여 확인할 수 있으며 −1에서 +1사이의 값을 가진다. 그러나 상관관계를 나타내는 상관계수는 두 변수간의 관련정도를 나타낼 뿐 인과관계를 설명하는 것은 아니다.

그리고 상관관계분석을 실시하는 경우라도 반드시 변수들 사이에 시각적인 관련성을 산점도를 이용하여 확인할 필요가 있다. 이유는 높은 상관을 보이더라도 산점도상에서 선형적인 형태로 그려지지 않을 수 있기 때문이다.

수집된 변수들이 정규성을 만족하는 경우에는 피어슨의 상관관계분석을 실시하고, 정규성을 만족하지 않으면 스피어만의 상관관계분석을 실시한다.

■ 상관분석

■ 상관분석

- 두 변수 사이에 어떤 선형적 관계를 가지고 있는지 분석하는 방법
- 두 변수가 어느 정도 관계가 있는지 측정하는 것이 단순상관분석이고, 셋 이상의 변수들 간의 관계에 대한 정도 측정은 다중상관분석
- 양의 상관: $0<\rho\le 1$, 음의 상관: $-1\le\rho<0$, 무상관: $\rho=0$
  (무상관은 상관이 없는 것이 아닌 선형상관이 아니라는 것임)
- 다중상관분석에서 다른 변수들과의 관계를 고정하고 두 변수만의 관계에 대한 강도를 조사하는 것을 편상관계분석이라 함

■ 산점도 작성

- 두 변수 X, Y의 관측치(x_i, y_i)를 좌표평면상에 점으로 나타낸 그림
- 작성된 산점도를 이용하여 자료의 특징, 구조 등을 파악

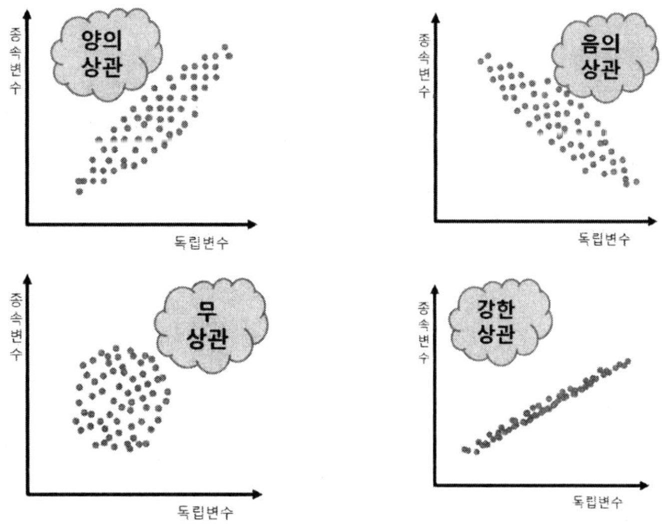

■ **상관계수(Correlation Coefficient)**

◦ 두 변수의 관계를 하나의 수치로 나타낸 척도

◦ 모집단에 대한 상관계수는 ρ, 표본상관계수는 r로 표기

$$공식:\ r = \frac{S_{(xy)}}{\sqrt{S_{(xx)}\,S_{(yy)}}}$$

$$S_{(xx)} = \sum(x_i - \bar{x})^2$$
$$S_{(yy)} = \sum(y_i - \bar{y})^2$$
$$S_{(xy)} = \sum(x_i - \bar{x})(y_i - \bar{y})$$

• 표본상관계수의 성질

◦ 범위: $-1 \leq r \leq 1$

$|r|$의 값이 1에 가까울수록 강한 상관관계

$|r|$의 값이 0에 가까울수록 약한 상관관계

■ **상관계수의 종류**

◦ 피어슨 상관계수 : 두 변수간의 관련성을 구하기 위해 가장 많이 사용하는 상관계수로서, −1과 1 사이의 값을 가지며 두 변수가 완전히 일치하면 +1, 완전히 반대이면 −1의 값을 가짐

◦ 스피어만 상관계수: 데이터가 서열척도인 경우 즉 자료의 값 대신 순위를 이용하는 경우의 상관계수로서, 두 변수 간의 연관 관계가 있는지 없는지를 밝혀주며 자료에 이상점이 있거나 표본크기가 작을 때 유용함

◦ 크론바하 알파 계수 : 크론바하 알파 계수는 검사의 내적 일관성을 나타내는 값으로서 한 검사 내에서의 변수들 간의 평균상관관계에 근거해 검사문항들이 동질적인 요소로 구성되어 있는지를 분석

■ 사용 예

A 대학교 입학생중 5명을 임의 추출하여 이들의 언어영역과 수리영역에 대한 수능성적자료를 얻었다. 두 영역 성적과 관련한 상관분석을 하시오.

구분	1	2	3	4	5
언어영역	405	372	394	390	379
수리영역	519	416	430	446	423

- 작성방법

① 엑셀에서 데이터를 변수명과 함께 입력

② 통계분석 메뉴 클릭

③ 그래프 선택 후 산점도 선택

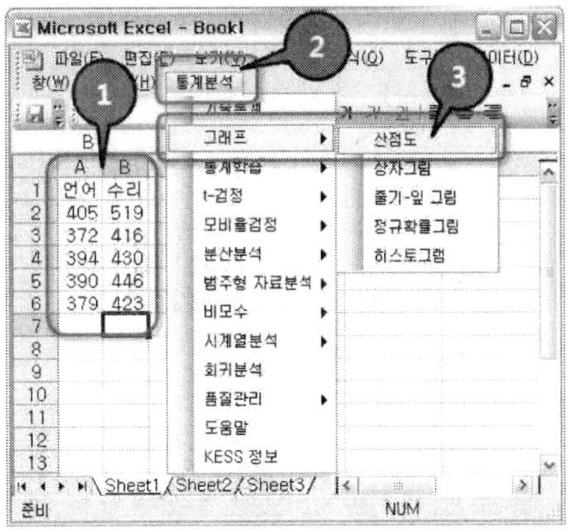

④ 선택변수에서 언어를 X축 변수로, 수리를 Y축 변수로 이동

⑤ 상관계수의 검정

⑥ 확인버튼 클릭

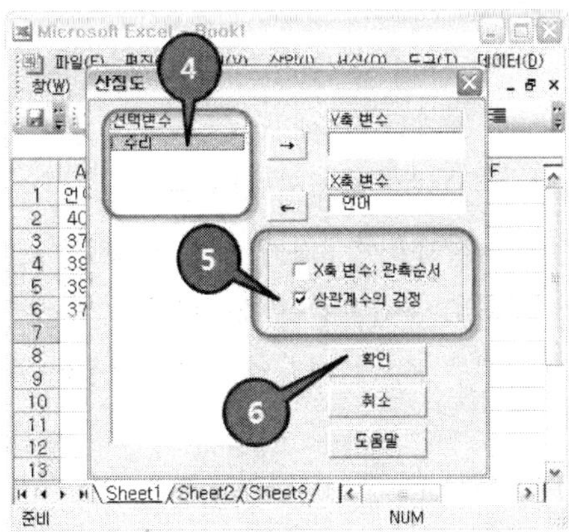

• 출력결과

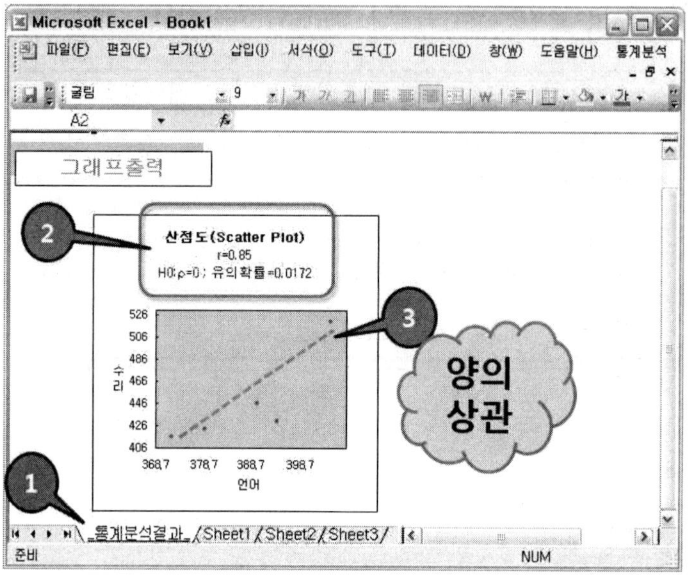

① 출력결과 탭이 새로이 생성

② 상관계수 : 0.85

  귀무가설 기각: 상관관계에 있음

③ 양의 상관을 산점도 및 r값을 통해 확인

• 결과 해석

  ◦ 상관계수가 0.85로서 비교적 강한 상관을 가지고 있음
  ◦ 사회과학분야에서는 상관계수값이 ±0.5를 넘는 경우가 드물기 때문에 ±0.3 이상이면 분석에 가치를 둠
  ◦ 유의확률이 0.0172로서 0.05보다 작은 값이므로 귀무가설인 $\rho = 0$가 기각되고 대립가설이 채택된다. 즉, 언어영역과 수리영역간에는 연관성이 없다는 귀무가설이 기각되고 대립가설이 채택되어 서로 상관이 있다는 의미임

실습 22

문제 상관분석 실습

10명의 고등학생에 대한 키와 체중에 대한 데이터이다.
이 자료를 이용하여 상관분석을 실시하시오.

1 통계량 구하기

1. 산점도 구하기
2. 상관계수 구하기

2 결과값 해석하기

Data 자료의 입력

표 21. 키, 체중 데이터

키	173	158	155	170	163
체중	64	57	56	62	53
키	156	164	169	176	170
체중	65	65	60	74	67

실습 22

상관분석

결과

통계량	실습값	확인
상관계수		
유의확률		

산점도

특징, 결과 해석

해석

1 상관계수에 따른 해석

2 유의확률에 따른 해석

3 기타 해석(산점도)

○ 학습한 내용

- 상관관계분석은 쌍으로 관찰된 두 변수간의 관련성을 분석하는 것으로 두 변수간에 어떤 선형적 관계를 가지고 있는지 분석하는 방법이다.
- 두 변수간의 관계의 정도를 나타내는 정도를 상관계수(ρ)를 이용하여 확인할 수 있으며 −1에서 +1사이의 값을 가진다.
- 상관관계를 나타내는 상관계수는 두 변수간의 관련정도를 나타낼 뿐 인과관계를 설명하는 것은 아니다.
- 상관관계분석을 실시하는 경우라도 반드시 변수들 사이에 시각적인 관련성을 산점도를 이용하여 확인하여 산점도상에서 선형적인 형태인지 확인할 필요가 있다.
- 변수들이 정규성을 만족하는 경우에는 피어슨의 상관관계분석을 실시하고, 정규성을 만족하지 않으면 스피어만의 상관관계분석을 실시한다.

○ 익힘문제

- 상관분석 결과 얻어지는 수치값은 어떤 것들이 있는지 설명하시오.
- 상관계수의 기준에 대해 설명하시오.
- 상관분석과 산점도의 관계를 설명하고 산점도의 필요성에 대해 설명하시오.

19

단순회귀분석

회귀분석은 특정 변수 값의 변화와 다른 변수 값의 변화가 가지는 수학적 선형의 함수식을 파악함으로써 상호관계를 추론하게 되는데, 이러한 회귀식을 통하여 원인이 결과에 어떤 관련성이 있는지 확인할 수 있고, 만약 관련성이 있다면 어느 변수가 독립변수이고 종속변수인지 등에 관한 사항을 분석할 수 있다.

회귀분석은 실증분석을 통해 인과관계가 있는 두 변수 즉 독립변수와 종속변수 사이의 회귀식을 도출하여 가설의 타당성 여부를 검토하는 데 유용하다. 만약 회귀식이 타당하다면 독립변수의 값을 기초로 하여 종속변수의 값을 추정하여 가설을 예측할 수 있다. 독립변수가 하나인 경우를 단순회귀분석, 2개 이상인 경우를 다중회귀분석이라 한다.

단순회귀분석의 목적은 독립변수와 종속변수 간에 회귀모형이 $y = \alpha + \beta x$의 계산식을 구하는 것으로, 독립변수와 종속변수간의 관계가 양의 방향으로 관련되어있는가 또는 음의 방향으로 관련되어 있는지를 확인할 수 있다.

■ 단순회귀분석

■ 회귀분석(Regression)

- ◦ 두 변수간의 함수관계를 밝히고 이 함수관계를 이용하여 독립변수 값에 대응되는 종속변수의 값을 예측 또는 설명하는 분석
- ◦ 잔차: 관측값 또는 측정값 등에서 얻어진 가장 확실한 값과, 계산값 또는 이론값의 차이(어떤 변수의 관측값에서 예측값을 뺀 값)
- ◦ 독립변수: 다른 변수에 영향을 주는 변수로서 대개 원인이 되는 개념
- ◦ 종속변수: 다른 변수의 영향을 받는 변수로서 결과변수라고도 함
- ◦ 단순회귀: 독립변수와 종속변수가 각각 하나이고 직선관계인 회귀모형

• 가정

- ◦ 잔차는 모든 독립변수 값에 대하여 동일한 분산을 가며, 잔차의 평균은 0
- ◦ 수집된 데이터의 분산은 정규분포를 이루고 있음
- ◦ 독립변수 상호간에는 상관관계가 없어야 함(상관관계가 나타나는 경우를 다중공선성문제라 함)

• 회귀모형 적합도 및 유의확률

- ◦ 회귀모형의 적합성을 확인하기 위해 결정계수 R^2을 사용
- ◦ 회귀모형의 독립변수가 종속변수 변동의 몇%를 설명하고 있는지를 나타내는 지표(설명력이라고도 함)
- ◦ 회귀공식의 유의성 평가는 잔차를 이용하므로 F-검정을 이용(잔차를 제곱하여 처리하므로 분산의 개념과 같음)

■ 분석절차

① 변수관계를 탐색적으로 확인하는 산점도 작성(상관계수)
② 하나의 수치로 변수간의 직선관계를 나타내는 회귀계수를 계산
③ 회귀식의 적합을 통하여 두 변수간의 관계를 함수로 찾는 것
④ 회귀식의 유용성 평가

■ **회귀모형 공식**

$$y_i = a + bx + \epsilon_i, \quad i = 1, 2, 3, ..., n$$

◦ 최소제곱법(Method of Least Squares): 회귀직선식 $y = a + bx$ 를 구하기 위해서는 실제 관측치 y_i와 회귀식에 의한 추정치 $\hat{y_i} = \hat{\alpha} + \hat{\beta}x_i$ 의 차이인 오차의 제곱을 전부 더한 오차제곱합 S를 최소화해주는 방법인 최소제곱법이란 방법으로 기울기 β와 절편 α를 구함

◦ 추정회귀직선: $\hat{y} = \hat{\alpha} + \hat{\beta}x$

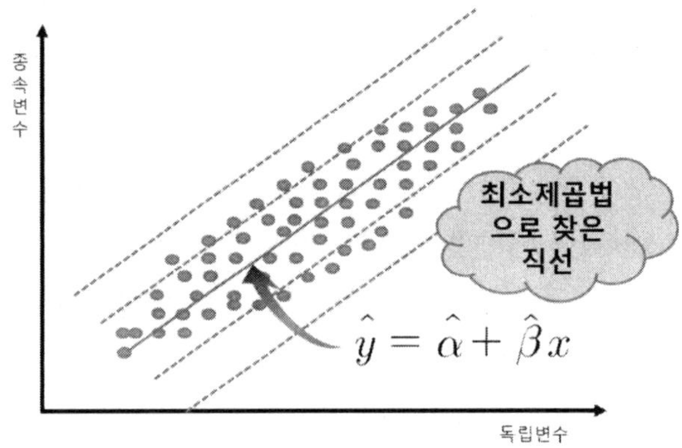

■ **회귀분석 유의점**

◦ 독립변수와 종속변수 모두 등간척도 이상이어야 함

◦ 회귀분석에서는 반드시 다음의 3가지 항목에 대해서 확인하여야 함

① 회귀계수의 추정

② 회귀모형의 유의성 검정

③ 회귀모형의 설명력 확인

◦ 회귀모형의 유의성이 확보되었다고 하더라도 반드시 회귀식이 데이터의 변동에 대해 설명력이 있는 것은 아니고, 반드시 모형의 설명력을 체크해야 함

■ 사용 예

자녀의 수가 자녀와 함께 보내는 시간에 미치는 영향에 대해 다음과 같은 자료를 얻었다. 이를 이용하여 회귀분석을 하시오.

자녀수	1	1	1	1	2	2	3	4	4	5	5
함께한 시간	1	2	3	5	1	3	0	3	6	4	5

- 작성방법

① 엑셀에서 데이터를 변수명과 함께 입력

② 통계분석 메뉴 클릭

③ 회귀분석 선택

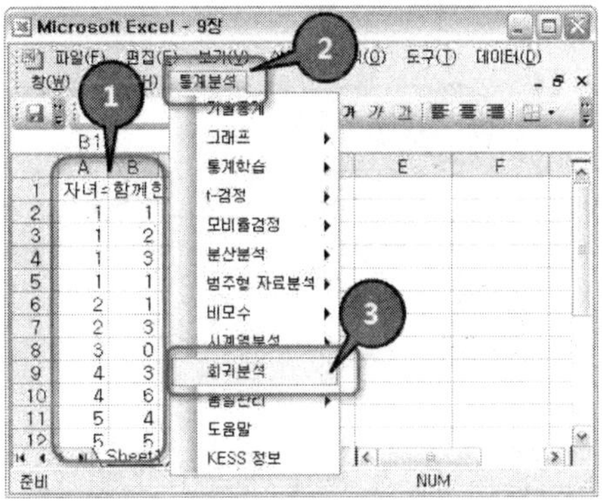

④ 자녀수를 독립변수로, 함께한 시간을 종속변수로 클릭

⑤ 단순 선형 회귀의 산점도를 추가로 클릭

⑥ 확인버튼 클릭

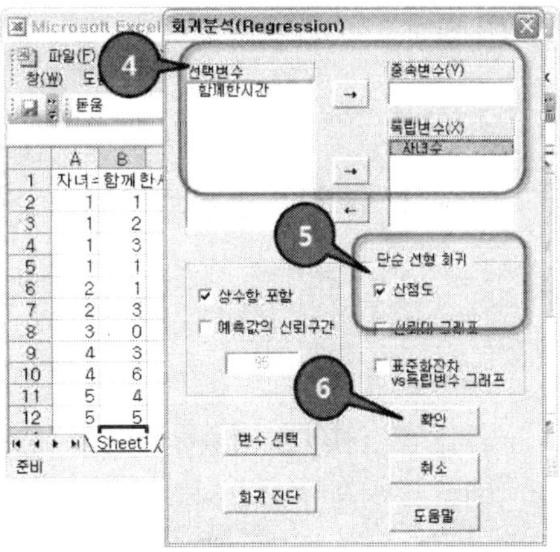

■ 출력결과

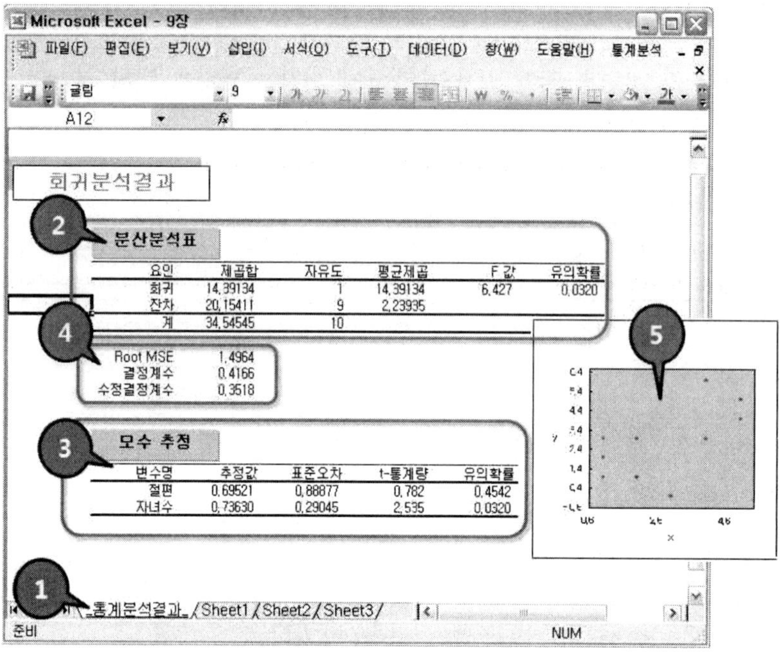

① 출력결과 탭이 새로이 생성 ② 분산분석표 출력

③ 모수추정(회귀식에서 사용)

④ 회귀식의 설명력 ⑤ 산점도

- 결과 해석
  - ②에서 유의확률이 0.0320으로 모형의 유의성은 확인되었으므로 회귀모형의 의미가 있음
  - ④에서의 결정계수 R^2는 0.4166으로 이 회귀식이 전체 변동의 41.7% 정도 설명할 수 있다는 의미임
  - ③에서 절편의 유의확률은 0.4542, 자녀수는 0.0320으로 자녀수는 $\beta=0$ 가 의미가 있음(상수는 유의확률과 크게 상관없음)
  - ⑤의 산점도를 통해 퍼져있지만 직선적 관계를 탐색적으로 보여줌
  - 회귀공식: $y = 0.69521 + 0.7363x$

실습 23

문제 단순 회귀분석 실습

어떤 플라스틱 제품 생산공정에서 제품의 수율은 그 제품을 만들 때 소요되는 공정시간에 영향을 받는 것으로 추측된다. 이를 단순회귀분석으로 분석하시오.

(통계학입문, p150, 송문섭외1, 자유아카데미에서 부분 발췌)

1 통계량 구하기

1. 분산분석표 구하기
2. 결정계수 구하기
3. 모수추정값

2 결과값 해석하기

Data 자료의 입력

표 22. 공정시간과 수율관련 데이터

	1	2	3	4	5	6	7	8	9	10
시간	8	8	10	10	12	12	14	14	16	16
수율	75	80	84	77	85	79	86	90	87	89

실습 23

단순 회귀분석 실습

결과

통계량	실습값	확인
분산분석표 구하기		
결정계수 구하기		
모수추정값		
회귀공식		

특징, 결과 해석

해석

1 분산분석표에 따른 해석

2 결정계수에 따른 해석

3 회귀공식

○ 학습한 내용

- 회귀분석은 수학적 선형의 함수식을 파악하여 어느 변수가 독립변수이고 종속변수인지 등에 관한 사항을 분석할 수 있다.
- 회귀분석은 인과관계가 있는 독립변수와 종속변수 사이의 회귀식을 도출하여 가설의 타당성 여부를 검토하는 데 유용하다.
- 회귀식이 타당하다면 독립변수의 값을 기초로 하여 종속변수의 값을 추정하여 가설을 예측할 수 있다.
- 독립변수가 하나인 경우를 단순회귀분석, 2개 이상인 경우를 다중회귀분석이라 한다.
- 단순회귀분석은 독립변수와 종속변수 간에 회귀모형이 $y=\alpha+\beta x$ 의 계산식을 구하는 것으로, 독립변수와 종속변수간의 관계가 양의 방향으로 관련되어있는가 또는 음의 방향으로 관련되어 있는지를 확인할 수 있다.

○ 익힘문제

- 단순회귀분석의 독립변수와 종속변수에 대해 설명하시오.
- 최소제곱법에 의한 추정식의 개념에 대해 설명하시오.
- 단순회귀분석을 통해 구할 수 있는 회귀식에 대해 설명하시오.
- 결정계수란 무엇인지 설명하시오.

20

중회귀분석

중회귀분석은 원인이 되는 변수가 2개 이상인 회귀모형의 분석기법으로, 원인변수가 2개인 중회귀모형은 $y = \alpha + \beta_1 x_1 + \beta_2 x_2$ 으로 표현된다.

중회귀분석에서의 가정은 수집된 데이터의 분산이 정규분포를 하여야 하고 모든 독립변수 값에 대하여 잔차의 평균은 0이며, 독립변수들 간에는 다중공선성 상관성이 없어야 하는 가정이 있다. 중회귀분석에서는 모든 독립변수들 간에 상관성(선형관계)이 존재하는 다중공선성의 문제가 발생하므로 회귀식의 결정계수 R^2과 더불어 다중공선성에 대한 검토가 필요하다.

다중공선성은 10 이상일 때 공선성 문제가 있다고 판정한다. 일반적으로 다중공선성 확인에는 VIF, eigenvalue 등을 사용한다. 중회귀모형에서 심각한 다중공선성이 나타내는 경우, 모수의 추정치는 불편성을 유지하며 결정계수에도 영향이 없지만, 추정치의 분산이 커지기 때문에 신뢰성이 낮아지게 된다.

■ 중회귀분석

■ 중회귀분석(Multiple Regression Analysis)

- 다중회귀분석이라고도 함
- 설명변수가 2개 이상인 회귀모형의 분석
- 단순회귀모형과 달리 최소제곱추정량의 계산이 매우 복잡해짐
- 단순회귀모형이 $y = \alpha + \beta x$ 의 계산식이라면 설명변수가 2개인 중회귀모형은 $y = \alpha + \beta_1 x_1 + \beta_2 x_2$ 형식을 취함
- 중회귀분석에서의 가정은 단순회귀분석에서의 가정과 동일함

• 회귀모형 적합도

- 회귀모형의 적합성을 확인하기 위해 결정계수 R^2을 사용
- 회귀모형의 독립변수가 종속변수 변동의 몇%를 설명하고 있는지를 나타내는 지표(설명력이라고도 함)
- 중회귀분석에서는 다중공선성의 문제가 발생하므로 반드시 다중공선성에 대한 검토가 필요함

• 다중공선성

- 독립변수들 간에 선형관계 또는 거의 선형관계가 존재하는 현상을 말함
- 숭회귀모형에서 일반적으로 다중공선성의 문제는 어느 정도 존재함
- 다중공선성 확인에는 VIF, eigenvalue 등을 사용
- 중회귀모형에서 심각한 다중공선성이 있더라도 모수의 추정치는 불편성을 유지하며 결정계수도 영향이 없지만, 추정치의 분산이 커져서 신뢰성이 낮아지게 됨. 즉 다중공선성이 존재(독립변수들 간에 인과관계가 존재)할 경우, 추정치의 분산이 과대평가되어 통계적 신뢰성이 떨어짐

■ 중회귀모형 공식

◦ 공식: $y_i = \beta_0 + \beta_1 x_{1i} + \beta_2 x_{2i} + \cdots + \beta_k x_{ki} + y_i = a + bx + \epsilon_i ,$
$i = 1, 2, 3, ..., n$

◦ 최소제곱법을 이용한 중회귀모형의 방정식을 유도하는 것은 아주 복잡한 일로서 주로 컴퓨터의 도움을 받아 회귀식을 도출함

■ 중회귀분석 유의점

◦ 독립변수와 종속변수 모두 등간척도 이상이어야 함(더 고급의 통계에서는 로지스틱 회귀분석에서는 종속변수를 명목척도로 사용하는 경우도 있음)
◦ 중회귀분석에서는 독립변수들 간에 서로 상관관계가 나타나는 다중공선성의 문제를 항상 염두에 두어야 함
◦ 대부분의 사회과학에서의 중회귀분석은 다중공선성의 문제를 가지고 있음
◦ 회귀모형의 유의성이 확보되었다고 하더라도 반드시 회귀식이 데이터의 변동에 대해 설명력이 있는 것은 아니고, 반드시 모형의 설명력을 체크해야 함

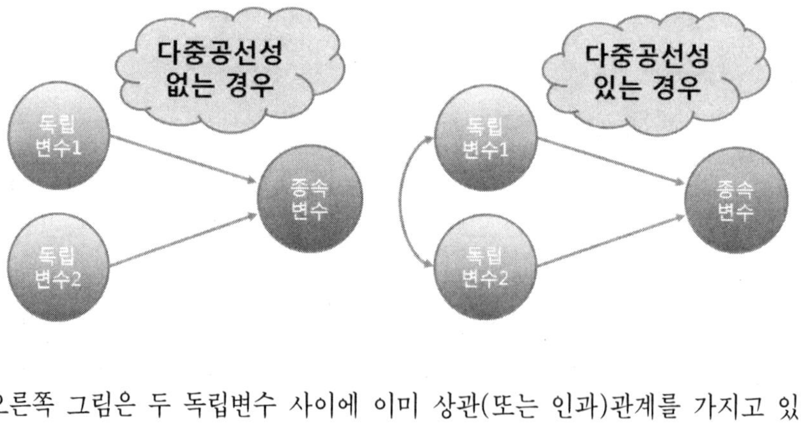

◦ 오른쪽 그림은 두 독립변수 사이에 이미 상관(또는 인과)관계를 가지고 있기 때문에 종속변수에 중복된 영향을 미치고 있음. 따라서 두 독립변수중 종속변수에 더 많이 영향을 미치는 독립변수를 남기고 다른 변수를 제거하여 다중공선성문제를 해결함(세부적 내용은 본 교재의 수준을 넘는 내용이므로 생략함)

■ 사용 예(1)

직무교육의 성과가 성별과 교육시간에 영향을 받는지 알아보기 위하여 다음과 같은 자료를 얻었다. 이를 이용하여 중회귀분석을 하시오.

성별	남	남	여	여	남	여	남	남	여	여
교육시간	75	119	105	124	120	147	108	126	141	140
교육성과	89	115	121	142	139	152	111	132	165	170

- 작성방법

① 엑셀에서 데이터를 변수명과 함께 입력

② 통계분석 메뉴 클릭

③ 회귀분석 선택

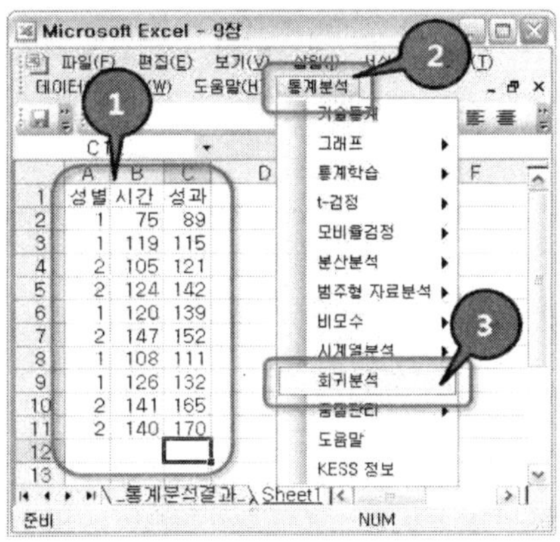

④ 독립변수에 성별, 시간을 종속변수에 성과를 클릭

⑤ 회귀진단버튼을 눌러 부메뉴 진입

⑥ 진단통계량에 '다중공선성'을 클릭

① 확인버튼 클릭

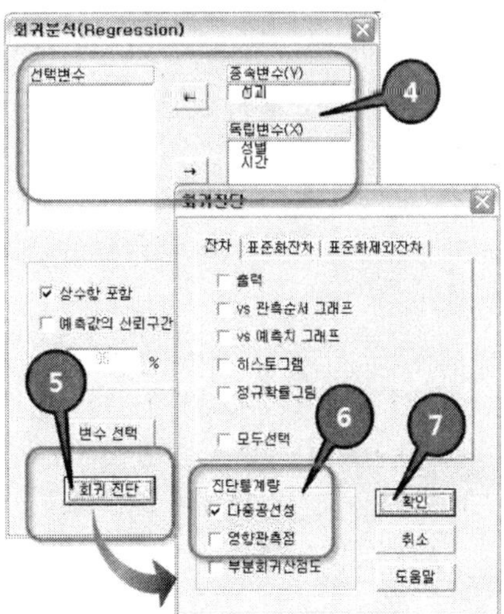

■ 출력결과

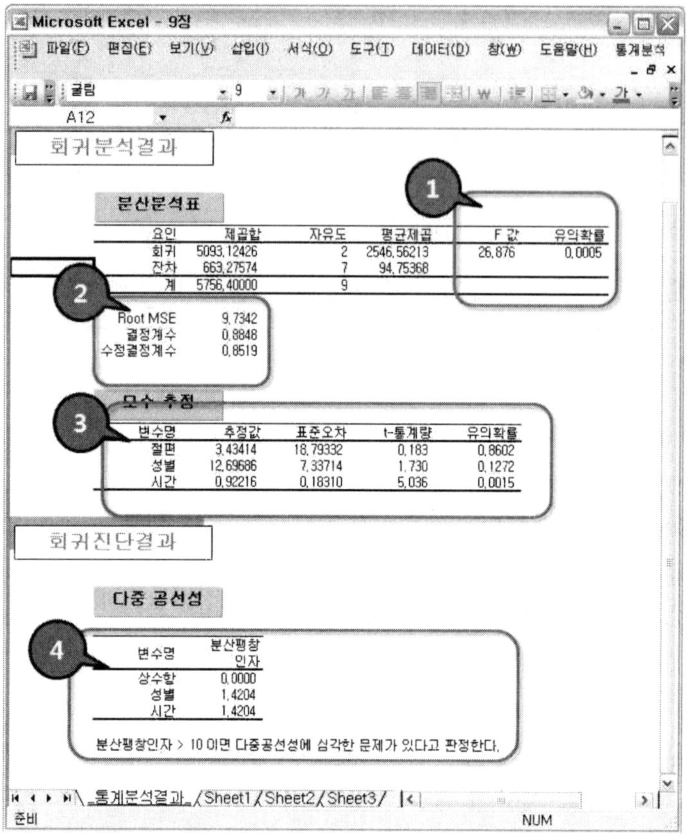

요인	제곱합	자유도	평균제곱	F 값	유의확률
회귀	5093.12426	2	2546.56213	26.876	0.0005
잔차	663.27574	7	94.75368		
계	5756.40000	9			

Root MSE	9.7342
결정계수	0.8848
수정결정계수	0.8519

변수명	추정값	표준오차	t-통계량	유의확률
절편	3.43414	18.79332	0.183	0.8602
성별	12.69686	7.33714	1.730	0.1272
시간	0.92216	0.18310	5.036	0.0015

변수명	분산팽창인자
상수항	0.0000
성별	1.4204
시간	1.4204

분산팽창인자 > 10 이면 다중공선성에 심각한 문제가 있다고 판정한다.

- 결과 해석
  - ◦ ①에서 유의확률이 0.0005이므로 모형의 유의성은 확인되었으므로 회귀모형의 의미가 있음
  - ◦ ②에서의 결정계수 R^2가 0.8848이므로 이 회귀식이 전체 변동의 88.5% 정도 설명할 수 있다는 의미임
  - ◦ ③성별의 유의확률은 0.1272, 시간은 0.0015로서 성별보다는 교육시간이 큰 의미를 가짐. 그렇다고 해서 성별을 배제할 수 없는 이유는 전체모형이 유의미하고, 설명력이 88.5%이므로 성별을 배제하기는 곤란함
  - ◦ ④의 다중공선성에 심각한 문제를 일으키는 변수는 없음

참고 설명변수가 여러 개인 경우의 회귀분석

■ **독립변수가 여러 개인 경우의 회귀분석**

- 종속변수의 값을 결정하는 요인으로 사용되는 독립변수가 많이 있는 경우
- 다수의 독립변수들 중에 모형의 복잡성을 야기하거나, 설명력을 떨어뜨리는 변수도 있음
- 여러 독립변수들 중 모형에 도움이 되는 변수들을 선택해 나가는 방법이 필요함

■ **독립변수 선택방법**

- 변수 추가법(forward selection)
  - 절편만 있는 모형에서 가장 중요한 변수부터 차례로 하나씩 선택해 나가는 방법
  - 부분 F-검정을 통해 변수가 유의하지 않으면 변수선택을 중단함
- 변수제거법(backward elimination)
  - 모든 독립변수를 회귀모형에 다 투입시킨 후 부분 F-검정을 통해 변수가 유의할 때까지 변수를 제거하는 방법(변수추가법의 반대)
- 변수증감법(stepwise selection)
  - 독립변수를 차례로 투입하여, 이전에 투입된 변수 가운데 모형에 도움이 되지 않는 변수가 발생하면 모형에서 제거하는 방법. 즉 새로운 변수 투입으로 인해 기존의 변수 중 제거할 변수 확인을 반복하는 방법
  - 단계별로 확인이 가능하므로 가장 많이 사용되는 방법
- 모든 가능한 회귀(all possible regression)
  - 전체 변수들을 이용하여 모형을 만든 후 가장 적합한 모형을 선택하는 방법

■ 회귀진단

◦ 모형과 수집된 데이터 간 적합성을 검토하는 단계로 회귀식의 타당성확보를 의미함

◦ 표본의 크기는 독립변수의 개수보다 최소 20배 이상 데이터를 확보해야 함

◦ 독립변수와 종속변수 간 높은 상관을 가져야 함(회귀분석을 한다는 것 자체가 높은 상관을 가지고 있다는 것을 의미함)

◦ 독립변수들 간에는 낮은 상관을 유지해야하며 앞서 설명한 단중공선성을 확인하는 과정이 독립변수들 간 상관을 보기위한 절차임. 분산팽창계수(VIF)값이 10 이상이면 다중공선성에 문제를 가지고 있음

◦ 잔차의 정규성, 선형성, 등분산성, 상호독립성을 만족하는지, 회귀식에 영향을 미치는 이상점 데이터들은 없는지 파악해야 함(이를 위해 산포도, 그래프 등으로 확인 가능함)

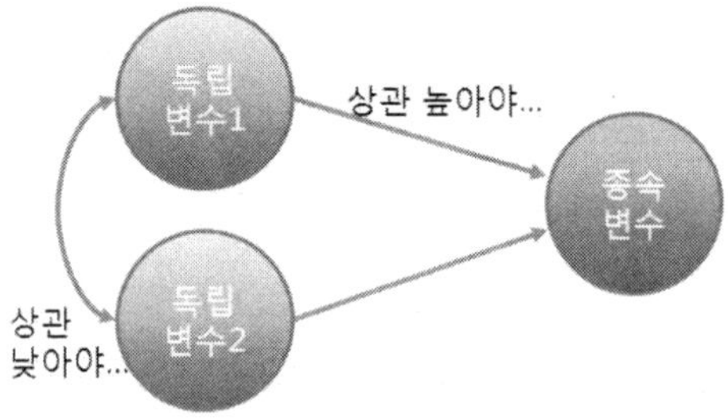

◦ 회귀식이 같더라도 데이터의 분포모양은 다를 수 있으므로 그래프를 이용하여 데이터의 분포를 확인할 필요가 있음

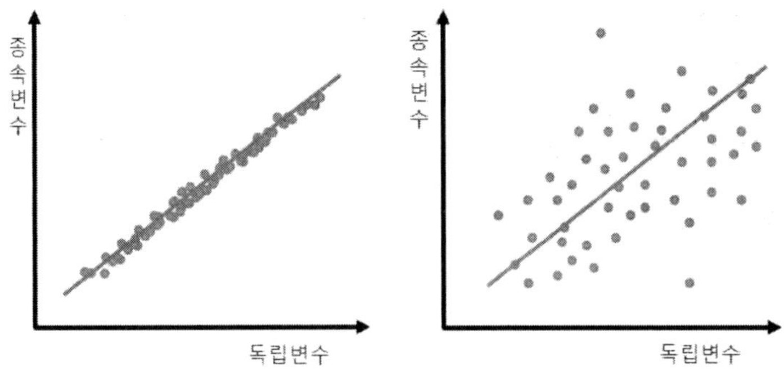

■ 사용 예(2)

혈압에 영향을 미치는 요인을 알아보기 위해 나이, 체중, 콜레스테롤 수치와 더불어 혈압에 대한 자료를 수집하였다. 모든 독립변수들이 유의한 영향을 미치는지 회귀분석을 실시하시오. (통계학입문, 자유아카데미, 제9장에서 발췌)

(독립변수가 3개인 경우 실제 데이터는 적어도 60사례 이상이어야 하나 편의상 10개만 사용함)

나이	38	28	35	30	45	40	33	54	47	36
체중	51	60	80	62	75	62	66	78	82	63
콜레스테롤	160	188	260	225	270	181	174	215	240	210
혈압	110	125	165	135	156	115	118	143	165	122

- 작성방법

  ① 엑셀에서 데이터를 변수명과 함께 입력

  ② 통계분석 메뉴 클릭

  ③ 회귀분석 선택

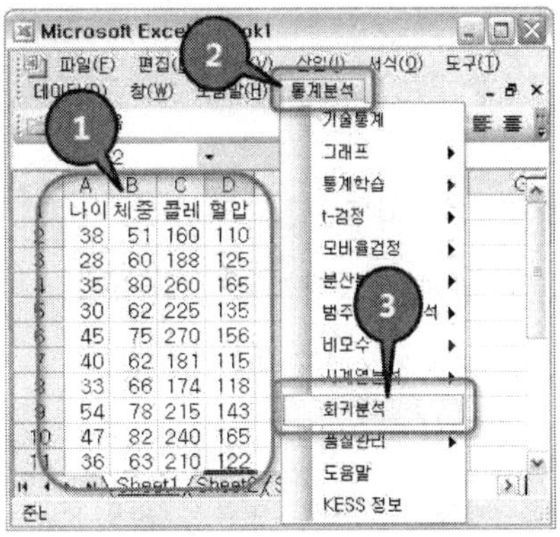

  ④ 독립변수에 나이, 체중, 콜레스테롤, 종속변수에 혈압을 클릭

  ⑤ 변수선택 버튼은 독립변수 선택방법 설정

  ⑥ 회귀진단에서 회귀식과 관련한 그래프 등 출력

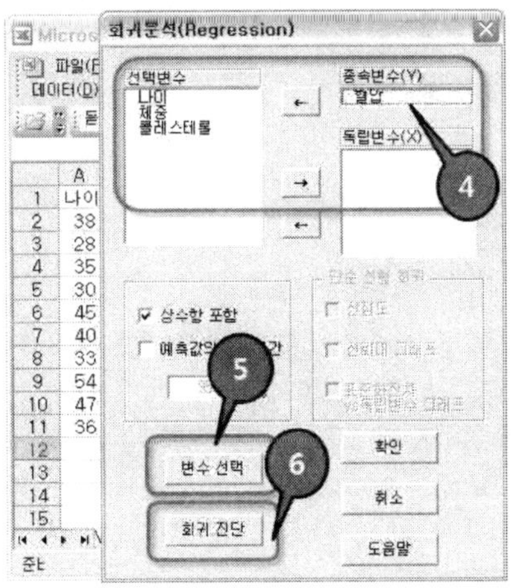

- 변수선택방법

  ① 변수추가법(가장 중요한 변수부터 하나씩 투입하여 효과를 확인하는 방법) 클릭

  ② 확인 클릭

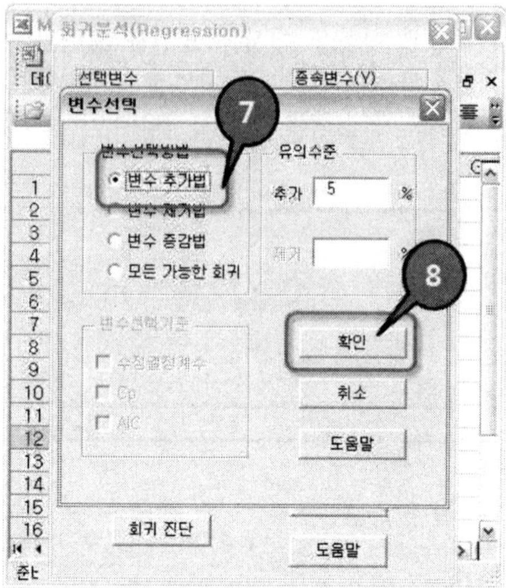

- 회귀진단 선택

  ③ 잔차의 정규확률그림(잔차분포가 정규성을 띠는지) 진단통계량의 다중공선성(독립변수간 상관성 확인)을 클릭

  ④ 확인 클릭

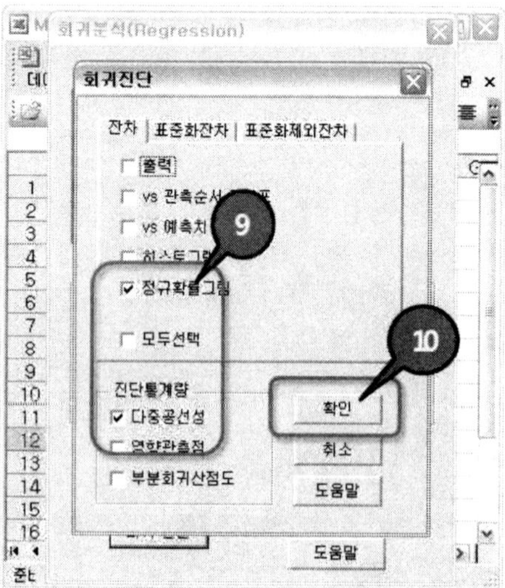

■ **출력결과**

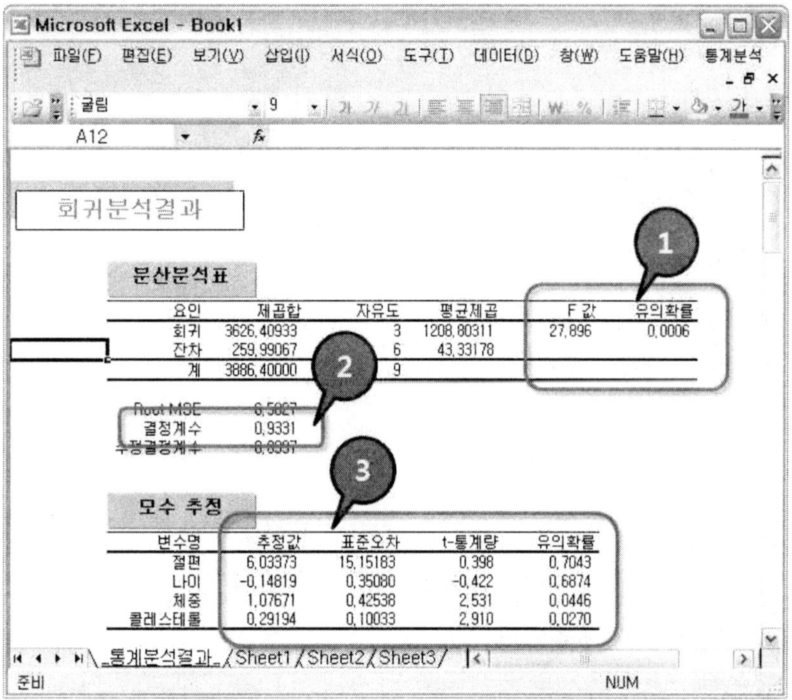

① F값에 의한 유의확률이 0.0006이므로 회귀식은 유의함

② 결정계수값이 0.9331이므로 구해진 회귀식에 의해 종속변수를 93% 정도 설명이 됨

③ 회귀식을 도출함

$$y = 6.03373 - 0.14819x_1 + 1.07671x_2 + 0.29194x_3$$

• 변수추가법에 의한 결과 해석

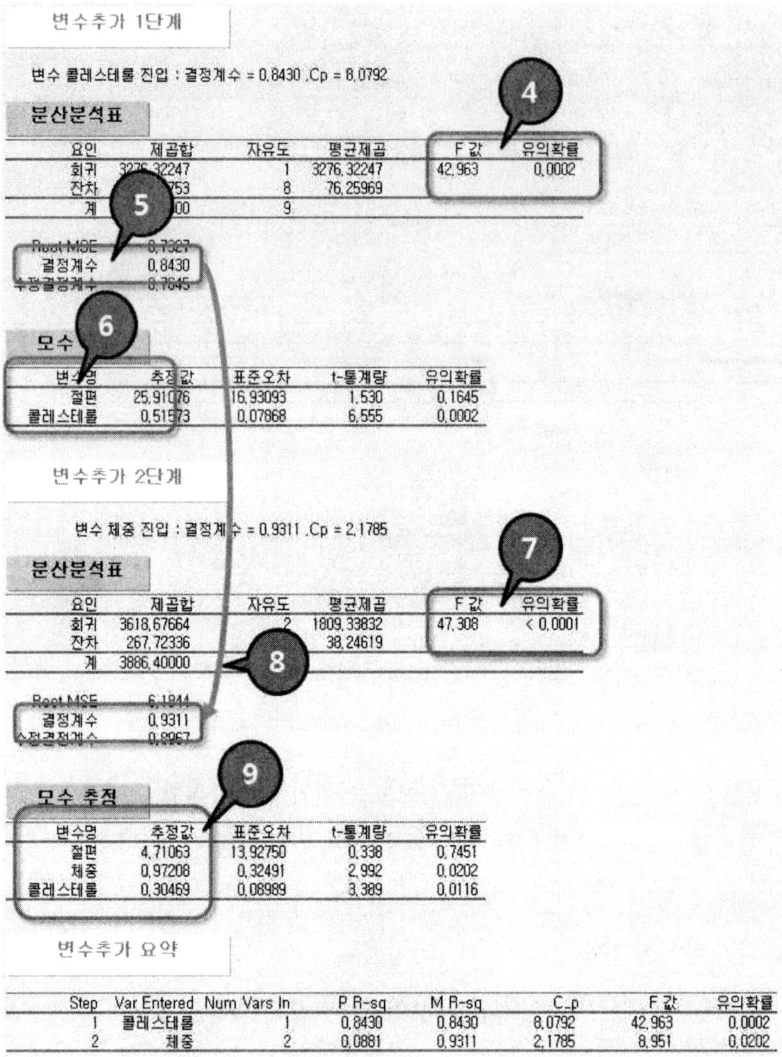

변수추가 1단계

변수 콜레스테롤 진입 : 결정계수 = 0.8430 ,Cp = 8.0792

분산분석표

요인	제곱합	자유도	평균제곱	F 값	유의확률
회귀	3276.32247	1	3276.32247	42.963	0.0002
잔차	[illegible]753	8	76.25969		
계	[illegible]00	9			

Root MSE	8.7327
결정계수	0.8430
수정결정계수	0.7645

모수 추정

변수명	추정값	표준오차	t-통계량	유의확률
절편	25.91076	16.93093	1.530	0.1645
콜레스테롤	0.51573	0.07868	6.555	0.0002

변수추가 2단계

변수 체중 진입 : 결정계수 = 0.9311 ,Cp = 2.1785

분산분석표

요인	제곱합	자유도	평균제곱	F 값	유의확률
회귀	3618.67664	2	1809.33832	47.308	< 0.0001
잔차	267.72336		38.24619		
계	3886.40000				

Root MSE	6.1844
결정계수	0.9311
수정결정계수	0.8967

모수 추정

변수명	추정값	표준오차	t-통계량	유의확률
절편	4.71063	13.92750	0.338	0.7451
체중	0.97208	0.32491	2.992	0.0202
콜레스테롤	0.30469	0.08989	3.389	0.0116

변수추가 요약

Step	Var Entered	Num Vars In	P R-sq	M R-sq	C_p	F 값	유의확률
1	콜레스테롤	1	0.8430	0.8430	8.0792	42.963	0.0002
2	체중	2	0.0881	0.9311	2.1785	8.951	0.0202

④ 1단계 콜레스테롤이 추가되었으며　⑤ 결정계수는 0.8430임

⑥ 콜레스테롤의 추정값은 0.51753임　⑦ 2단계 체중이 추가된 결과

⑧ 결정계수는 0.9311로 1단계보다 더 나은 결과를 보임

⑨ 2단계까지 추가한 변수들만으로도 앞서 독립변수 3개를 투입한 정도의 설명력(결정계수)을 확보함

실습 24

문제 중회귀분석(1)

예제 9.2의 결과에 의하면 결정계수의 값이 67.8%로서, 공정시간만으로는 수율을 설명하는 것은 충분치 않음을 알 수 있다. 원료의 촉매량을 추가한 데이터를 이용하여 중회귀분석 하시오.

(통계학입문, p160, 송문섭외1, 자유아카데미에서 부분 발췌)

1 통계량 구하기

1. 분산분석표 구하기
2. 결정계수 구하기
3. 모수추정값
4. 다중공선성 확인

2 결과값 해석하기

Data 자료의 입력

표 23. 공정시간, 촉매와 수율관련 데이터

	1	2	3	4	5	6	7	8	9	10
시간	8	8	10	10	12	12	14	14	16	16
촉매	3.1	3.3	3.5	3.0	3.2	3.4	3.0	3.6	3.2	3.6
수율	75	80	84	77	85	79	86	90	87	89

실습 24

중회귀분석(1)

결과

통계량	실습값	확인
분산분석표 구하기		
결정계수 구하기		
모수추정값		
회귀공식		
다중공선성 해석		

특징, 결과 해석

해석

1. 분산분석표에 따른 해석

2. 결정계수, 다중공선성에 따른 해석

3. 회귀공식 및 기타 부가 설명

실습 25

문제 중회귀분석(2)

다음의 가상의 데이터를 이용하여 변수선택법 중 변수추가법, 회귀진단에서 출력하는 그래프를 이용하여 중회귀 분석하시오.

1 통계량 구하기

1. 분산분석표 구하기
2. 결정계수 구하기
3. 모수추정값
4. 다중공선성 확인

2 결과값 해석하기

Data 자료의 입력

표 24. 가상의 데이터

y	32	26	33	29	23	16	15	27	41	20
x_1	93	79	74	73	88	98	105	91	101	72
x_2	57	59	62	55	52	57	61	64	55	55
x_3	44	22	22	19	2	42	24	34	30	2

x_i: 독립변수

y: 종속변수

실습 25

중회귀분석(2)

결과

통계량	실습값	확인
분산분석표 구하기		
결정계수 구하기		
모수추정값		
회귀공식		
다중공선성 해석		

특징, 결과 해석

해석

1 분산분석표에 따른 해석

2 결정계수, 다중공선성에 따른 해석

3 회귀공식 및 기타 부가 설명

○ 학습한 내용

- 중회귀분석은 원인이 되는 변수가 2개 이상인 회귀모형의 분석기법으로, 원인변수가 2개인 중회귀모형은 $y = \alpha + \beta_1 x_1 + \beta_2 x_2$ 으로 표현된다.
- 중회귀분석에서의 가정은 데이터가 정규분포를 해야 하고 모든 독립변수 값에 대한 잔차 평균은 0이며, 독립변수들 간 다중공선성이 없어야 한다.
- 중회귀분석에서는 모든 독립변수들 간에 다중공선성의 문제가 발생하므로 회귀식의 결정계수 R^2과 더불어 다중공선성에 대한 검토가 필요하다.
- 다중공선성은 10 이상일 때 공선성 문제가 있다고 판정한다.
- 다중공선성 확인에는 VIF, eigenvalue 등을 사용한다.
- 중회귀모형에서 심각한 다중공선성이 나타내는 경우, 추정치의 분산이 커지기 때문에 신뢰성이 낮아지게 된다.

○ 익힘문세

- 중회귀분석에서의 독립변수와 종속변수에 대해 설명하시오.
- 다중공선성이란 무엇인지 설명하고 이를 측정하는 통계값과 기준에 대해 설명하시오.
- 중회귀분석에서의 설명력에 대해 설명하시오.

실습 보고서

1. 기술통계

일요일 문자메시지 송신회수

<table>
<tr><td>학 과</td><td colspan="4"></td></tr>
<tr><td>학 번</td><td colspan="2"></td><td>번호</td><td></td></tr>
<tr><td>성 명</td><td colspan="2"></td><td>성별</td><td></td></tr>
<tr><td>학번의 끝자리</td><td></td><td>주민번호 끝자리</td><td colspan="2"></td></tr>
<tr><td>전화번호 끝자리</td><td></td><td>생년월일 끝자리</td><td colspan="2"></td></tr>
<tr><td>제출일</td><td colspan="4"></td></tr>
</table>

437484704357094309597034569054694564506566197723458546912873243589438943584589438943894358934853485843854323458344734

REPORT 1

문제 일요일 문자메시지 송신 회수

1 기술통계량 구하기

① 평균, 중앙값, 최빈값 구하기

② 표준편차, 분산, 범위, 사분위수 범위 구하기

③ 첨도, 왜도 구하기

2 결과값 해석하기

3 P.213 서식용지에 기술하여 제출할 것!

Data 자료의 입력

표 1. 일요일 문자메시지 송신 회수

5	2	7	4	**1**
4	**2**	4	3	6
10	7	4	2	3
3	3	**4**	24	5

수정 개인별 데이터 자료의 수정

1: 학습자의 학번의 끝자리

2: 학습자의 주민등록번호의 끝자리

3: 학습자의 전화번호(휴대폰) 끝자리

4: 학습자의 생년월일 끝자리

※ Data의 **1234**자리에 해당 숫자를 기입한다.

실습 보고서

2. 그래프 활용

중간고사 성적자료를 이용한 그래프 그리기

<table>
<tr><td>학 과</td><td colspan="4"></td></tr>
<tr><td>학 번</td><td colspan="2"></td><td>번호</td><td></td></tr>
<tr><td>성 명</td><td colspan="2"></td><td>성별</td><td></td></tr>
<tr><td>학번의 끝자리</td><td></td><td>주민번호 끝자리</td><td colspan="2"></td></tr>
<tr><td>전화번호 끝자리</td><td></td><td>생년월일 끝자리</td><td colspan="2"></td></tr>
<tr><td>제출일</td><td colspan="4"></td></tr>
</table>

789054778435789234798234434574568456340689034583241237895628348123897456767986890324879312489743578456809679835278923

REPORT 2

문제 중간고사 시험 성적

■1 그래프 그리기

① 상자그림 그리기

② 줄기-잎그림 그리기

③ 히스토그램 그리기

■2 결과값 해석하기

■3 P.215 서식용지에 기술하여 제출할 것!

Data 자료의 입력

표 2. 중간고사 성적

85	78	51	76	8■1
84	6■2	89	64	87
68	65	91	7■3	65
5■4	83	92	87	89

수정 개인별 데이터 자료의 수정

■1: 학습자의 학번의 끝자리

■2: 학습자의 주민등록번호의 끝자리

■3: 학습자의 전화번호 끝자리

■4: 학습자의 생년월일 끝자리

※ Data의 ■1■2■3■4 자리에 해당 숫자를 기입한다.

실습 보고서

3. 카이제곱 검정

A 대학 학교생활 만족도

<table>
<tr><td>학 과</td><td colspan="4"></td></tr>
<tr><td>학 번</td><td colspan="2"></td><td>번호</td><td></td></tr>
<tr><td>성 명</td><td colspan="2"></td><td>성별</td><td></td></tr>
<tr><td>학번의 끝자리</td><td></td><td>주민번호 끝자리</td><td colspan="2"></td></tr>
<tr><td>전화번호 끝자리</td><td></td><td>생년월일 끝자리</td><td colspan="2"></td></tr>
<tr><td>제출일</td><td colspan="4"></td></tr>
</table>

3533478437843858587324358943894358458943894389435893485348588854323458344734544367668593249054670963405734752954040643

REPORT 3

문제 A 대학 학교생활 만족도 조사 결과

[1] 통계량 구하기

1. 분할표 구하기
2. 카이제곱 통계량, 유의확률 구하기

[2] 결과값 해석하기

[3] P.217 서식용지에 기술하여 제출할 것!

Data 자료의 입력

표 3. A 대학 학교생활 만족도

	남	여
만족	6[1]	41
보통	6[2]	6[3]
불만족	21	4[4]

수정 개인별 데이터 자료의 수정

[1]: 학습자의 학번의 끝자리

[2]: 학습자의 주민등록번호의 끝자리

[3]: 학습자의 전화번호 끝자리

[4]: 학습자의 생년월일 끝자리

※ Data의 [1][2][3][4] 자리에 해당 숫자를 기입한다.

실습 보고서

4. 평균차 검정

감기약 복용 전후의 체중 변화

<table>
<tr><td>학 과</td><td colspan="4"></td></tr>
<tr><td>학 번</td><td colspan="2"></td><td>번호</td><td></td></tr>
<tr><td>성 명</td><td colspan="2"></td><td>성별</td><td></td></tr>
<tr><td>학번의 끝자리</td><td></td><td>주민번호 끝자리</td><td colspan="2"></td></tr>
<tr><td>전화번호 끝자리</td><td></td><td>생년월일 끝자리</td><td colspan="2"></td></tr>
<tr><td>제출일</td><td colspan="4"></td></tr>
</table>

689576467546980657967678096786786786780533478437843858587324358943894358458943894389435893485348588543234583447745443

REPORT 4

문제 감기약 복용에 따른 체중감소

■1 기술통계량 구하기

1. 개수, 평균, 표준편차 구하기
2. t-통계량, 자유도, 유의확률 구하기

■2 결과값 해석하기

■3 P.219 서식용지에 기술하여 제출할 것!

Data 자료의 입력

표 4. 감기약 복용 전후의 체중

No	1	2	3	4	5	6	7
전	57.5	57.5	46.5	4■3.8	59.2	5■4.1	57.3
후	5■1.7	56.2	4■2.5	43.2	57.4	55.1	56.4

수정 개인별 데이터 자료의 수정

■1: 학습자의 학번의 끝자리

■2: 학습자의 주민등록번호의 끝자리

■3: 학습자의 전화번호 끝자리

■4: 학습자의 생년월일 끝자리

※ Data의 ■1■2■3■4 자리에 해당 숫자를 기입한다.

실습 보고서

5. 분산 분석

감기약 복용 전후의 체중 변화

학 과				
학 번			번호	
성 명			성별	
학번의 끝자리		주민번호 끝자리		
전화번호 끝자리		생년월일 끝자리		
제출일				

689576467546980657967678096786786786780533478437843858587324358943894358458943894389435893485348588543234583447845443

REPORT 5

문제 A 대리점 신발 판매 현황

❶ 통계량 구하기

1. 개수, 평균, 표준편차 구하기
2. 분산분석표 구하기
3. 그림 또는 그래프 그리기

❷ 결과값 해석하기

❸ P.221 서식용지에 기술하여 제출할 것!

Data 자료의 입력

표 5. 신발 판매량

계절 \ 종류	A	B	C	D
봄	6❶	49	68	74
여름	52	35	3❸	45
가을	75	5❷	53	57
겨울	67	54	57	6❹

수정 개인별 데이터 자료의 수정

❶: 학습자의 학번의 끝자리

❷: 학습자의 주민등록번호의 끝자리

❸: 학습자의 전화번호 끝자리

❹: 학습자의 생년월일 끝자리

※ Data의 ❶❷❸❹자리에 해당 숫자를 기입한다.

실습 보고서

6. 회귀분석

성별, 교육시간에 따른 직무교육 성과 분석

학 과			
학 번		번호	
성 명		성별	
학번의 끝자리		주민번호 끝자리	
전화번호 끝자리		생년월일 끝자리	
제출일			

435468945689546890546980598543784385858732435894389435845894344358934546879467856785468754684567943587347543875879478

REPORT 6

문제 성별, 교육시간에 따른 직무교육 성과분석

■1 통계량 구하기

1. 분산분석표 구하기
2. 결정계수 구하기
3. 모수추정값
4. 다중공선성 확인

■2 결과값 해석하기

■3 P.223 서식용지에 기술하여 제출할 것!

Data 자료의 입력

표 6. 직무성과 데이터

성별	남	■1	여	여	남
교육시간	75	119	105	12■2	120
교육성과	89	115	121	142	139
성별	여	남	남	여	여
교육시간	147	10■3	126	141	140
교육성과	152	111	13■4	165	170

수정 개인별 데이터 자료의 수정

■1: 학습자의 성별(남/여)

■2: 학습자의 주민등록번호의 끝자리

■3: 학습자의 전화번호 끝자리

■4: 학습자의 생년월일 끝자리

※ Data의 ■1■2■3■4자리에 해당 숫자를 기입한다.